FRANCILENE DO ROSÁRIO DE MATOS

A CONCEPÇÃO DE EDUCAÇÃO PROFISSIONAL
CONTIDA NA BASE NORMATIVA E NA OBJETIVAÇÃO DO PRONATEC BOLSA-FORMAÇÃO

Editora CRV

Francilene do Rosário de Matos

A CONCEPÇÃO DE EDUCAÇÃO PROFISSIONAL CONTIDA NA BASE NORMATIVA E NA OBJETIVAÇÃO DO PRONATEC BOLSA-FORMAÇÃO

EDITORA CRV
Curitiba - Brasil
2016

Copyright © da Editora CRV Ltda.
Editor-chefe: Railson Moura
Diagramação e Capa: Editora CRV
Revisão: A Autora
Conselho Editorial:

Profª. Drª. Andréia da Silva Quintanilha Sousa (UNIR)
Prof. Dr. Antônio Pereira Gaio Júnior (UFRRJ)
Prof. Dr. Carlos Alberto Vilar Estêvão
- (Universidade do Minho, UMINHO, Portugal)
Prof. Dr. Carlos Federico Dominguez Avila (UNIEURO - DF)
Profª. Drª. Carmen Tereza Velanga (UNIR)
Prof. Dr. Celso Conti (UFSCar)
Prof. Dr. Cesar Gerónimo Tello
- (Universidad Nacional de Três de Febrero - Argentina)
Profª. Drª. Elione Maria Nogueira Diogenes (UFAL)
Prof. Dr. Élsio José Corá (Universidade Federal da Fronteira Sul, UFFS)
Profª. Drª. Gloria Fariñas León (Universidade de La Havana – Cuba)
Prof. Dr. Francisco Carlos Duarte (PUC-PR)
Prof. Dr. Guillermo Arias Beatón (Universidade de La Havana – Cuba)

Prof. Dr. João Adalberto Campato Junior (FAP - SP)
Prof. Dr. Jailson Alves dos Santos (UFRJ)
Prof. Dr. Leonel Severo Rocha (URI)
Profª. Drª. Lourdes Helena da Silva (UFV)
Profª. Drª. Josania Portela (UFPI)
Profª. Drª. Maria de Lourdes Pinto de Almeida (UNICAMP)
Profª. Drª. Maria Lília Imbiriba Sousa Colares (UFOPA)
Prof. Dr. Paulo Romualdo Hernandes (UNIFAL - MG)
Prof. Dr. Rodrigo Pratte-Santos (UFES)
Profª. Drª. Maria Cristina dos Santos Bezerra (UFSCar)
Prof. Dr. Sérgio Nunes de Jesus (IFRO)
Profª. Drª. Solange Helena Ximenes-Rocha (UFOPA)
Profª. Drª. Sydione Santos (UEPG PR)
Prof. Dr. Tadeu Oliver Gonçalves (UFPA)
Profª. Drª. Tania Suely Azevedo Brasileiro (UFOPA)

Este livro foi aprovado pelo conselho editorial.
CIP-BRASIL. CATALOGAÇÃO-NA-FONTE
SINDICATO NACIONAL DOS EDITORES DE LIVROS, RJ

M425

Matos, Francilene do Rosário de.

A concepção de educação profissional contida na base normativa e na objetivação do PRONATEC bolsa-formação/Francilene do Rosário de Matos – Curitiba: CRV, 2016.
222 p.

Inclui bibliografia
ISBN 978-85-444-1107-0

1. Educação 2. PRONATEC 3. Bolsa I. Título II. Matos, Francilene do Rosário de. III. Série

CDD 370

2016
Foi feito o depósito legal conf. Lei 10.994 de 14/12/2004
Proibida a reprodução parcial ou total desta obra sem autorização da Editora CRV
Todos os direitos desta edição reservados pela:
Editora CRV
Tel.: (41) 3039-6418
www.editoracrv.com.br
E-mail: sac@editoracrv.com.br

A Deus e àqueles a quem reservo o meu mais sublime amor e que me fazem sentir amada: meu pai, minha mãe, meu esposo e minha filha.

SUMÁRIO

PREFÁCIO 9
Antônio Cabral Neto

INTRODUÇÃO 15
A demarcação do objeto de investigação 15
O percurso metodológico 21
A estruturação da obra 25

CAPÍTULO I
REESTRUTURAÇÃO PRODUTIVA, ORGANIZAÇÃO
DO TRABALHO E QUALIFICAÇÃO PROFISSIONAL 29
A reestruturação produtiva e a organização
do processo de trabalho 30
As repercussões do modelo de acumulação
flexível na qualificação do trabalhador 46

CAPÍTULO II
CAMINHOS E DESCAMINHOS DA POLÍTICA
DE EPT NO BRASIL, EM TEMPOS DE
REESTRUTURAÇÃO PRODUTIVA 57
No período de autoritarismo e repressão 58
Na fase de redemocratização, reabertura
e modernização 69
Na reestruturação – privatização, descentralização
e reformas educacionais 80
Em tempos de esperança de transformação X
consolidação das políticas neoliberais 98

CAPÍTULO III
A CONCEPÇÃO DE EDUCAÇÃO PROFISSIONAL
E TECNOLÓGICA NO PRONATEC 115
A expansão da EPT por via do Pronatec 116
A EPT desenvolvida pelo Pronatec Bolsa-Formação,
conforme sua base normativa 141

A EPT desenvolvida pelo Pronatec Bolsa-Formação
numa instituição pública 161
O Instituto Federal de Educação, Ciência e Tecnologia
do Maranhão 161
A execução da iniciativa Pronatec Bolsa-Formação
no Ifma 170
Considerações sobre a concepção de EPT
do Pronatec Bolsa-Formação 197

REFERÊNCIAS 203

SOBRE A AUTORA 221

PREFÁCIO

A política educacional se constitui em tema que tem merecido atenção dos pesquisadores da área e isso tem resultado em uma vasta produção que procura delinear os contornos dessa política pondo em evidência os seus avanços e limites. As análises sobre o tema assumem relevância pelo fato de que, historicamente, os governos formulam instrumentos normativos, planos, programas e projetos que constituem o *corpus* da política pública para o campo da educação, mas a sua implementação tem sido recortada por problemas expressos em vários aspectos, dentre os quais, situa-se o financiamento.

A fragilidade das políticas na resolução dos problemas da educação assume uma particularidade, no caso brasileiro, considerando que as dificuldades históricas, enfrentadas na área, que estão associadas às formas excludentes com que as elites trataram as políticas sociais, implicando o retardamento de ações para viabilizar o acesso da população à educação. O enfrentamento desse problema requer a criação de condições políticas e pedagógicas, capazes de superar os graves problemas que, ainda, persistem no campo da educação.

Esse cenário, configurado no âmbito educacional, está, por sua vez, articulado às substanciais desigualdades sociais e à ausência de uma ação política, no país, capaz de promover mudanças mais consistentes no campo das políticas sociais. Essa situação foi agravada, nas últimas décadas, devido à crise que atingiu os estados nacionais em decorrência das transformações econômicas, sociais e políticas, vivenciadas na fase atual de desenvolvimento do capitalismo e tende a se agravar no atual quadro político em que se encontra o país.

No âmbito das análises sobre a política educacional, as relações entre trabalho e educação, com ênfase na formação profissional, sobressai como tema de importância singular. A relevância dos estudos, nessa área, está associada às mudanças que vêm se materializando nas formas de organização do trabalho, calcada em uma base eletroeletrônica que altera as formas tradicionais, até então, construídas. Esse debate põe em destaque visões diferenciadas de formação profissional. É possível situar esse debate em, pelo menos, dois espectros. De um lado, ganha, no cenário da formação, uma defesa de uma formação polivalente baseada em competências, pressupondo, assim, uma forte articulação com as necessidades do capital, posição essa alinhada aos ditames dos organismos internacionais. De outro, se desenha uma série de argumentos que sustentam a necessidade de uma formação humana integral que inclua todas as dimensões da vida. Isso implicaria uma forte articulação entre formação humanista e tecnológica, visando a uma ampla articulação entre conhecimentos gerais e profissionais.

Nesse sentido, a educação deveria propiciar ao homem a compreensão da sociedade a partir das condições objetivas da existência humana. A defesa do trabalho como princípio educativo na formação profissional assume relevância na produção acadêmica educacional brasileira, tendo argumento central a defesa de que o movimento histórico da existência humana se move por contradição, configurando-se, portanto, no contexto das relações, estabelecidas entre o sujeito, o mundo capitalista e o mundo do trabalho.

Constrói-se, nesse campo, a compreensão de que, embora que a emancipação humana seja incompatível com o capitalismo, é possível e desejável que se formulem políticas e práticas que, no âmbito da educação e mais especificamente, da formação profissional, busquem superar aquelas concepções que vinculam, exclusivamente o processo formativo ao mundo do mercado. Com isso, provavelmente, não obstante as circunstâncias atuais, se trabalharia em uma perspectiva contra-hegemônica, para edificar algumas travessias para uma realidade desejada, como horizonte da formação humana integral.

Como argumenta Saviani (2008, p. 234)[1], para romper a separação entre concepção e execução, é preciso conceber uma "educação de nível médio que, centrada na ideia de politecnia, permita a superação da contradição entre o homem e o trabalho pela tomada de consciência teórica e prática do trabalho como constituinte da essência humana para todos e cada um dos homens". Significa, nas palavras de Ramos (sd, p. 24)[2], "incorporar a dimensão intelectual ao trabalho produtivo, de formar trabalhadores capazes de atuar como dirigentes e cidadãos".

Desse modo, tem-se o entendimento de que as instituições educacionais não mantêm, necessariamente, um vínculo mecânico com a produção capitalista, mas ela não pode ser considerada como instância à margem dessas relações sociais historicamente construídas. Como preleciona Frigotto (2010, p. 17-18),[3] "tanto os que buscam um vínculo linear entre educação e estrutura econômica social capitalista, quanto aqueles que defendem um desvínculo linear enviesam a análise pelo fato de nivelarem práticas sociais de natureza distinta e de estabelecerem uma ligação mecânica entre infraestrutura e superestrutura, e uma separação estanque entre trabalho produtivo e improdutivo"

Esse embate vem tencionando, nos últimos anos, a formulação da política educacional no Brasil, especificamente aquelas políticas voltadas para a educação profissional. Embora, em algumas situações, a visão de formação politécnica tenha servido de base para a definição da política nessa área, o que, de fato, tem prevalecido é a perspectiva da polivalência. Os marcos regulatórios do campo estão recortados por

---

[1] SAVIANI, Demerval. Educação Socialista, pedagogia histórico-crítica e os desafios da sociedade de classe. In: LOMBARDI, José Claudinei; SAVIANI, Dermeval (Orgs). **Marxismo e Educação:** debates contemporâneso. Campinas, SP: Autores Associados, 2008.

[2] RAMSO, Marise. **Políticas e diretrizes para a educação profissional no Brasil.** Curitiba: IFPR, sd.

[3] FRIGOTTO, Galdêncio. A relação da educação profissional e tecnológica com a universalização da educação básica. In: MOLL, Jaqueline. **Educação profissional e tecnológica no Brasil contemporâneo**: desafios, tensões e possibilidades. Porto Alegre: Artmed, 2010.

essa disputa de concepções/projetos. Isso fica claro não apenas, na formatação das diretrizes curriculares, mas também nos decretos que redesenham as normas orientadoras para o campo da formação profissional.

Nesse contexto, ganha relevância o debate acadêmico e a produção do conhecimento que forneçam as bases para o entendimento adequado desse movimento e para orientar as práticas pedagógicas que imprimem concretude, no âmbito da escola, de uma perspectiva de formação profissional, alinhada aos interesses da formação cidadã. Isso se torna um imperativo considerando que a formação profissional tem, cada vez mais, se orientado por uma perspectiva de formação, vinculada ao mercado de trabalho e, majoritariamente, realizada no setor privado.

É notório o avanço do setor privado no campo da educação profissional, pois, como constatam os dados do Censo de 2008, 83,0% das matrículas, em nível tecnológico, estavam na iniciativa privada. Ademais, como afirma Frigotto (2010), o Sistema S, em 2010, mobilizou em torno de 16 bilhões de recursos públicos, somando-se os recolhidos compulsoriamente pelo Estado e a venda de serviços ao setor público. Isso revela inclusive um forte embricamento entre os setores público e privado na oferta da educação profissional.

O que se pretende sublinhar é a premência de uma articulação política, capaz de inverter esse movimento na direção de ampliar o fundo público como pressuposto para edificação de uma política de estado em que a educação pública, gratuita, universal e de qualidade social seja uma prioridade nacional.

Esse caminho indica uma direção contrária àquela, hoje, hegemônica no campo das políticas educacionais, organizadas, predominantemente, com base em programas focais, datados e sem continuidade e, consequentemente incapazes de promover mudanças mais substanciais na educação do país. Como sustenta Frigotto (2010), a primeira década do século XXI foi marcada, predominantemente, por concepções e práticas educacionais mercantis, portanto, com as mesmas características daquelas que haviam vigorado na década de 1990, "seja no controle do conteúdo do conhecimento, seja nos métodos de sua produção ou na socialização, autonomia e organização docente" (p. 17). Uma série de publicações, com resultados de pesquisas, tem sistematizado conhecimentos relevantes sobre a situação do quadro educacional brasileiro, contemplando as suas etapas, níveis e modalidades, cujas contribuições têm sido essenciais para uma reflexão contextualizada das políticas e das práticas nessa área de conhecimento. Estudos consistentes têm focado o tema da formação profissional, mas não significa que eles esgotaram todas as possibilidades de análise da temática, visto que, pela sua complexidade, existem sempre ângulos que necessitam ser objeto de reflexões mais acuradas.

O livro intitulado "**A concepção de educação profissional contida na base normativa e na objetivação do PRONATEC Bolsa-Formação**", de autoria da pesquisadora Francilene do Rosário de Matos, traz uma excelente contribuição ao exame dessa temática na medida em que sistematiza uma reflexão contextualizada sobre o tema, situando-o no contexto no qual ele se desenvolve. As análises circunstanciadas no livro explicitam, com clareza, a concepção de educação profissional contida na base normativa e na objetivação da iniciativa do Pronatec/bolsa-formação, evidenciando o sentido atribuído à Educação Profissional, no contexto da reestruturação produtiva na atual fase de desenvolvimento do capitalismo, orientada por inovações tecnológicas e pelas diretrizes da globalização neoliberal.

No referido livro, os resultados da pesquisa, analisados pela autora, são elucidativos das contradições que lastreiam o processo de formulação da política educacional na medida em que evidenciam a existência de uma tensão entre projetos de formação profissional. No caso específico do programa analisado, ficou evidente, como assinala a autora, o seu caráter instrumental, considerando que o foco está direcionado para atender às demandas do crescimento econômico e do controle social. Nesses termos, a EPT é estruturada para atender às demandas do mercado, garantindo a diversidade dos níveis de qualificação da força de trabalho.

Esse é, portanto, um debate pertinente e necessário, notadamente, nesse contexto em que se procura vincular a formação profissional, exclusivamente, às demandas do mundo do trabalho, restringindo, desse modo, o processo de formação do cidadão que deve ser organizado de forma a incluir ângulos da formação tecnológica e humanística. O livro da autora se constitui, portanto, em uma obra que deve ser lida por todos aqueles profissionais que estão, de uma forma ou de outra, implicados no debate da educação profissional e na formulação de políticas nesse campo.

Natal, agosto de 2016.

Prof. Dr. Antônio Cabral Neto
Professor Titular do Centro de Educação
da Universidade Federal do Rio Grande do Norte

INTRODUÇÃO

Este livro é sobre política pública de Educação Profissional e Tecnológica (EPT) no Brasil, especialmente sobre o Programa Nacional de Acesso ao Ensino Técnico e ao Emprego (Pronatec), em sua iniciativa Bolsa-Formação, criado e desenvolvido como programa de governo no contexto da acumulação flexível do capitalismo e de suas novas formas de organização do trabalho produtivo.

A implantação do Pronatec, em 2011, ao mesmo tempo que instiga a interpretação da abertura de mais um ciclo de suplementação do déficit de qualificação profissional da população brasileira, pelas suas características de convergência e abrangência, traz consigo a inquietação quanto à sua base conceitual e forma de objetivação, que sustentam essa política pública brasileira de EPT. Questão que demanda aos estudiosos da área o desenvolvimento de pesquisas que possam analisar e responder claramente aos desafios e expectativas para elaboração e implementação de políticas públicas de formação do trabalhador.

Assim, estando o objeto de investigação inserido na problemática sobre as políticas públicas de trabalho e educação, requer-se a delimitação da amplitude e direção do estudo, bem como a descrição do percurso metodológico da produção científica e da exposição da síntese interpretativa, as quais no contexto dessa obra estão expressas a seguir.

A demarcação do objeto de investigação

Com o desenvolvimento do processo de reestruturação produtiva, originária da busca pela superação da crise do capital, deflagrada nos anos 70 do século XX, emergiram preceitos de aperfeiçoamento do processo produtivo, por meio do incremento de novas tecnologias e de mudanças nas formas de gestão, nos espaços de produção, de comercialização e nas relações de trabalho. Tais inovações basearam-se nos pressupostos da flexibilidade e da mundialização, que ao questionar a rigidez do antigo modelo taylorista/fordista, implicaram no início do processo de mudança dos paradigmas econômicos, políticos, sociais e culturais da sociedade capitalista.

A descentralização da produção, a abertura de mercados, a terceirização, os contratos flexíveis de trabalho e outras adaptações foram incorporadas ao processo produtivo. Também, registrou-se a implementação de métodos orientais de gestão da qualidade e eficácia da produção, mais adequados ao novo perfil da produção, agora desenvolvido por demanda de mercado e requerendo um trabalhador polivalente e adaptável às flutuações do processo produtivo. Por efeito, o trabalhador necessitava corresponder a tais mudanças e, para tanto, resgatou-se a Teoria do Capital Humano, aperfeiçoando-a com a aplicação do modelo de gestão de recursos humanos por competência.

A reestruturação produtiva expandiu-se por todos os segmentos da sociedade, refletindo também no estreitamento da relação trabalho-educação, com a redução da dimensão ontológica do trabalho e o estabelecimento do caráter de subordinação sofrido pela educação. Inserindo no universo educacional muitas das características mercadológicas, a fim de que a escola pudesse tanto prover o mercado da mão de obra adequada a sua demanda, como servir de suplementação à escassez da oferta de emprego.

A qualidade da formação e o êxito profissional passam a ser responsabilidade exclusiva do indivíduo, almejadas sob a égide de um mercado competitivo e seletivo, alimentado pela apropriação da subjetividade do trabalhador. A requalificação do trabalho atribuída à minoria e a desqualificação associada a grande massa de trabalhadores estabelecem a polarização do mercado de trabalho, que de um lado requer do sistema de ensino um alto nível de eficácia e de outro exige a democratização de acesso à educação, a fim de atender aos anseios de equidade da sociedade.

Estratégias de regulamentação da nova ordem mundial, necessárias ao sucesso da reestruturação produtiva e, por consequência, à superação da crise do capital, passaram a ser difundidas pelos organismos internacionais, tendo como um dos principais objetivos disseminar diretrizes para a reforma do Estado, principalmente nos países considerados emergentes e em desenvolvimento, considerando o potencial econômico que tais países apresentavam, frente a maior severidade da crise nos países desenvolvidos. O forte poder de influência, por via da dependência econômica e financeira mantidas com os órgãos monetários internacionais, gerou resultados positivos e imediatos nos anos 80 e 90 do século XX.

O processo de reestruturação do capitalismo tem como objetivo suplantar o modelo taylorista/fordista, que fora desenvolvido num contexto de Estado liberal, com controle do trabalho por meio do domínio das decisões acerca do seu curso, libertando o capital da habilidade dos operários, objetivando o fator subjetivo do trabalho. Suas conquistas foram alcançadas pela fragmentação do processo produtivo, pela cisão entre a concepção e a execução do trabalho, pela atribuição de tempo a cada movimento e pelos meios de abastecimento de cada fração da produção. Iniciando o processo de subordinação da formação do trabalhador à lógica do mercado, esse modelo direcionou as ações educativas para assumirem os princípios tecnicistas de formação fragmentada e especializada, a serem desenvolvidas de forma isolada e num curto espaço de tempo.

No Brasil o taylorismo/fordismo influenciou as bases normativas das políticas de educação profissional, mesmo após a deflagração da crise mundial do capital, em meados dos anos 70 do século XX. Durante o regime ditatorial militar teve-se como expoentes dessa influência, a imposição da profissionalização compulsória pela reforma de ensino de 1º e 2º graus de 1971 – dada pela segmentação entre o ensino propedêutico e o ensino profissional – e a revitalização do Programa Intensivo de Preparação de Mão de Obra (Pipmo) em 1972 – com a oferta de cursos profissionalizantes de curta duração. Mesmo contando com uma significativa infraestrutura, dispondo de hidrelétricas, portos, estradas de ferro e parques industriais, vivenciou-se no Brasil, entre os anos de 70 e 80 do século XX, uma crise econômica sem precedente, que aplacava alguns setores econômicos e frações das classes sociais. Registrando-se naquela época o baixo poder aquisitivo da maioria da população, o que, consequentemente, comprometia a produção de bens e serviços e proporcionava a defasagem das estruturas organizacionais, condição reforçada até então pelo isolamento determinado ao mercado brasileiro.

Com o cenário de desestabilidade econômica, agravado pela crise política da retomada da democracia, o país passou a ser um campo fértil para os interesses econômicos mundiais, disseminados a partir dos acordos internacionais multilaterais e bilaterais, assim como pelas renegociações da dívida externa e financiamentos de programas e projetos com recursos dos bancos internacionais, que traziam em seu bojo aspectos relacionados ao compromisso com as reformas do Estado, sempre alinhados aos ditames econômicos do novo modelo de produção.

Em meio a esse processo de adequação, no que se refere à análise dos programas de qualificação profissional, verifica-se a estreita relação entre as políticas públicas e os ditames impostos pelo modelo de produção vigente, uma vez que seus imperativos são determinados pela relação trabalho-capital, que movimentam e reestruturam a organização do mercado de trabalho.

Dessa forma, o caráter de periodicidade e aperfeiçoamento desses programas – assistidos desde o regime militar, com o Pipmo; passando pelo Plano Nacional de Formação Profissional (Planfor), implantado durante a reforma educacional no governo de Fernando Henrique e; o Plano Nacional de Qualificação (PNQ) do governo Lula – faz emergir a hipótese da retomada cíclica de medidas paliativas, proveniente da ausência ou fragilidade de ações profícuas de EPT, com resultados de longo prazo, que levassem a sociedade ao alcance de níveis adequados de qualificação profissional.

Vale ressaltar, que essa formalização de políticas de EPT, no âmbito dos Estados neoliberais adaptadas à lógica do capitalismo, tem sido contestada pelos defensores de uma formação humana integral e emancipatória, que tenha o trabalho como princípio educativo, inspirando-se nos referenciais marxistas de Politecnia. Concebida como uma educação omnilateral, com dimensões intelectual, corporal e tecnológica; pública, gratuita, obrigatória e única; que supere o hiato historicamente produzido entre trabalho manual e trabalho intelectual e; que seja suficientemente integrada à sociedade, superando qualquer distanciamento entre as práticas educativas e as demais práticas sociais.

No entanto, as políticas educacionais são elaboradas, formalizadas, assimiladas e implementadas em arenas de disputas de interesses por direção da sociedade, portanto se tornam ambíguas e contraditórias, com sínteses dependentes da correlação das forças sociais. Cabendo, nesse sentido, que seja reconhecida a direção dada à política pública brasileira de EPT, por meio do recente programa de qualificação profissional, o Pronatec, desenvolvido no governo de um partido trabalhista.

Para tanto, foi desenvolvida uma pesquisa articulando condicionantes econômicos, sociais, históricos e políticos com as políticas educacionais, onde questionou-se: Qual o significado/sentido dado à educação profissional e tecnológica no Pronatec, enquanto política pública desenvolvida no Brasil, no contexto da reestruturação produtiva do capitalismo?

Devido ao Pronatec ser um programa de múltiplas iniciativas, no âmbito do estudo desenvolvido nessa pesquisa, limitou-se o estudo às ações da Bolsa-Formação, iniciativa de maior representatividade e volume do Programa, que visava potencializar a capacidade de oferta de cursos de qualificação profissional, sendo, portanto, de maior expressividade quanto à concepção de EPT do Programa. Dessa forma, em busca da resposta à problemática levantada, foi assumido o objetivo de analisar a concepção de educação profissional e tecnológica no âmbito do Pronatec Bolsa-Formação, a partir das expressões contidas em sua base normativa e em uma forma de objetivação do Programa desenvolvida numa instituição de ensino pública. Em seguida foram delineadas cinco metas, que conduziriam ao alcance desse objetivo, sendo:

- Construir uma síntese das implicações da reestruturação produtiva do capitalismo, no processo de reorganização das relações de trabalho e da qualificação do trabalhador;
- Desenvolver um histórico da EPT no Brasil, a partir da segunda metade do século XX, destacando as aproximações, contradições e mediações das políticas públicas implantadas;
- Resgatar informações sobre os processos de elaboração, implantação e desenvolvimento do Pronatec, analisando algumas manifestações afirmativas e contrárias a seu respeito;
- Reconhecer a concepção de EPT expressa na base normativa do Pronatec Bolsa-Formação, destacando suas ambiguidades e contradições;
- Identificar a forma de objetivação do Pronatec Bolsa-Formação numa instituição pública, compreendendo os reflexos da concepção de EPT assumida pelo Programa.

A produção de conhecimentos sobre esse tema tem como intuito promover debates acerca da EPT, no âmbito de sua ampliação por via de programas federais e, para tanto, estabeleceu-se como objeto de estudo o Pronatec

Bolsa-Formação, visando a investigação sobre os significados/sentidos de sua concepção de educação profissional e tecnológica, implícitas e explícitas em sua base normativa e na forma de objetivação numa instituição pública, frente ao contexto das transformações da sociedade capitalista da segunda metade do século XX.

O percurso metodológico

Partindo da perspectiva de alcançar a maior compreensão possível sobre a concepção de EPT que sustenta a política pública brasileira no âmbito do Pronatec, recorreu-se à abordagem metodológica histórico-dialética e, em razão das especificidades da metodologia e da complexidade do objeto de estudo, destacou-se como referência as categorias metodológicas dessa abordagem: práxis, totalidade, contradição e mediação.

A *práxis* remete à compreensão de que o conhecimento é produzido através do permanente e crescente movimento do pensamento, que vai do abstrato ao concreto pela mediação do empírico, na busca da superação da dimensão fenomênica e aparente do objeto estudado, alcançando sua concretude (KUENZER, 2013).

A categoria *totalidade* aplica-se na concepção da realidade enquanto um todo em processo dinâmico de estruturação e autocriação, na qual os fatos podem ser racionalmente compreendidos a partir do lugar que ocupam na totalidade do próprio real e nas relações que se estabelecem com os outros fatos e com o todo. Assim, o trabalho pretende desenvolver-se através de idas e vindas, sempre crescentes em amplitude e profundidade, compreendendo-se que, como esclarece Kosik (1976), cada fenômeno ao revelar a si mesmo e ao todo, deverá ser compreendido como um momento do todo, que ao mesmo tempo o explicita e o esconde.

Com a categoria da *contradição* busca-se captar o movimento, a ligação e a unidade resultante da relação dos contrários, entre os polos dialeticamente relacionados, buscando compreender onde e como se incluem/excluem, desaparecem ou originam uma nova realidade, captando a riqueza do movimento e da complexidade do real, com suas múltiplas determinações e manifestações (KUENZER, 2013).

A *mediação* proporciona que o isolamento didático, oriundo da cisão do todo para conhecimento da realidade, seja tão somente um recurso de delimitação e análise do campo de investigação, haja vista a compreensão de que no contexto do real nada é isolado, tornando-se essencial estudar o conjunto das relações que se estabelece com os demais fenômenos e com a totalidade (KUENZER, 2013).

Ainda, como pressuposto essencial ao tipo de análise pretendida, corrobora-se com Bottomore (apud SANFELICE, 2008), ao descrever que o materialismo histórico dialético se dá por meio de um processo pelo qual as categorias, noções ou formas de consciência surgem umas das outras para formar totalidades cada vez mais inclusivas, até que se complete o sistema de categorias, noções ou formas, como um todo.

Nas pesquisas sobre políticas públicas comumente encontram-se materiais de caráter positivista e que em alguns casos objetivam tão somente legitimar propósitos particulares, situação que exige dos pesquisadores o exercício da crítica. Para tanto, reconhece-se a necessidade da constante retomada às leis da dialética, que conforme orientação de Engel (apud SANFELICE, 2008) resumem-se na transformação da quantidade em qualidade e vice-versa; na interpenetração dos contrários e na negação da negação.

No âmbito teórico, privilegiou-se as categorias de conteúdo para construir o referencial de análise e interpretação de informações sobre o objeto de estudo. Entre elas, destacam-se: *reestruturação produtiva, acumulação flexível, mercado de trabalho, qualificação profissional, política pública e educação profissional e tecnológica*, as quais são discutidas no decorrer desta produção textual.

Quanto às metodologias de pesquisa aplicadas, destacam-se a pesquisa bibliográfica, a análise documental e o estudo descritivo. A pesquisa bibliográfica foi relevante para delimitar e contextualizar o objeto de investigação, assim como para construir o referencial teórico de análise e interpretação, priorizando a compreensão teórica e a ampliação das reflexões. Recorreu-se aos estudos produzidos pelos autores: *Braverman, Castells, Chesnais, Coriat, Franco, Friedmann, Frigotto, Harvey, Kuenzer, Leite, Lopes, Machado, Manacorda, Marx, Netto, Paiva, Ramos, Saviani, Zarifian, Anderson, Araújo, Batista, Cabral Neto, Cardozo, Carnoy, Cunha, Daros, Dourado, Fagnani, Gohn, Haddad, Manfredi, Sousa, Rodrigues, Tauile, Veiga, Yanaguita*, entre outros.

A pesquisa documental foi bastante utilizada neste estudo sobre as políticas públicas de EPT, visto a necessidade de análise de documentos legais e de registros impressos. O levantamento dos dados históricos e daqueles referentes ao programa pesquisado, subsidiou-se no resgate e análise das legislações e documentos de referência, além das obras de historiadores, pesquisadores, educadores, jornalistas e analistas políticos. A base documental e bibliográfica priorizada consistiu-se em: documentos internacionais de referências, leis, decretos, manuais, publicações oficiais (planos, programas e relatórios), artigos científicos, matérias jornalísticas, anais de congressos, seminários, encontros e palestras, teses e dissertações, além de obras literárias correlatas.

A importância dada nessa pesquisa aos documentos, como sedimentação das práticas sociais, corrobora com a percepção de May (2004) sobre o potencial dessa fonte para informar e estruturar as decisões que as pessoas tomam diariamente e a longo prazo, constituindo-se em leitura particular dos eventos sociais, que falam das aspirações e intenções dos períodos aos quais se referem e descrevem lugares e relações sociais de uma época.

Também foi desenvolvido uma pesquisa descritivo, na perspectiva da análise das aproximações, distanciamentos e até mesmo das reinvenções existentes entre a base normativa do Pronatec Bolsa-Formação e a sua forma de objetivação, em busca de promover a aproximação da pesquisadora do processo de operacionalização do Programa numa instituição pública de EPT.

Para subsidiar essa fase da pesquisa, recorreu-se ao estudo de Pires (2010) que trata sobre o conceito de generalização, mesmo sabendo-se referir-se especificamente à abordagem de pesquisa qualitativa. O autor considera o universo geral do estudo, aquele ao qual a teoria se aplica ou se refere, ou seja, o campo de aplicação da teoria, ou dos resultados teóricos da pesquisa. Nesse sentido, o universo geral dessa pesquisa é o campo de aplicação do Pronatec Bolsa-Formação e a generalização do conhecimento gerado pode estender-se a qualquer espaço de seu desenvolvimento, visto se tratar de um Programa que se reproduz em cada uma das unidades federativas, por meio de órgãos públicos e privados e de seus beneficiários, a partir de normativas federais.

Mesmo sendo o maior volume de atendimento do Pronatec Bolsa-Formação, durante o período pesquisado, reservado ao setor privado, considerando o interesse social da pesquisa, foi mantida a convicção de que um estudo sobre política pública deva centrar-se no espaço público. E, portanto, na seleção do *corpus* empírico da pesquisa optou-se por uma instituição pública de EPT, o Instituto Federal de Educação, Ciência e Tecnologia do Maranhão (Ifma), a maior representação da atuação direta do Governo Federal nesse segmento.

Para tanto, foi realizado um diagnóstico do desenvolvimento do Pronatec Bolsa-Formação no Instituto, com base em dados quantitativos e estatísticos referentes a todos os campi do Maranhão, fornecidos pela própria Instituição.

Foram realizadas entrevistas semiestruturadas com o gestor institucional do Pronatec Bolsa-Formação do Ifma, com os coordenadores gerais do Pronatec Bolsa-Formação do Ifma dos campi Monte Castelo e Centro Histórico e com o professor contratado do Pronatec Bolsa-Formação Campus Centro Histórico. A gestora nacional dos demandantes do Maranhão, ligada à Secretaria de Estado da Educação no Maranhão (Seduc/MA), também foi entrevistada, por se tratar do órgão com maior número de atendimento do Pronatec Bolsa-Formação desenvolvido pelo Ifma. Assim como Aires (2011) orienta, essas entrevistas cumpriram o papel de aprofundar a informação sobre acontecimentos, dinâmicas e concepções detectadas, ou não, durante etapas anteriores de coleta de dados.

As descrições, interpretações e inferências aqui apresentadas foram construídas a partir da articulação de informações quantitativas/qualitativas, referencial teórico de análise e categorias analíticas do método histórico-dialético, o que possibilitou o alcance das metas de cada etapa da pesquisa e, por fim, o cumprimento do seu objetivo geral, acreditando-se ter sido dada resposta à problemática levantada.

A estruturação da obra

Assim como já descrito no percurso metodológico, as diretrizes que encaminharam o desenvolvimento da pesquisa para o alcance do seu objetivo foram estabelecidas a partir de cinco metas. Como etapas percorridas durante o processo de construção do conhecimento, tais metas também foram utilizadas na estruturação dessa obra, as quais estão descritas a seguir.

Concentrando-se a primeira meta na *construção de uma síntese das implicações da reestruturação produtiva do capitalismo, no processo de reorganização das relações de trabalho e da qualificação do trabalhador*, buscou-se fazer inferências sobre o modelo de produção capitalista de acumulação flexível, sua repercussão na nova configuração e funcionamento do mercado de trabalho mundial e, por consequência, nas orientações internacional para a formação do trabalhador. O que possibilitou ao final do estudo obter uma resposta à pergunta: Qual a influência do modelo de acumulação flexível da produção capitalista na configuração da estrutura do mercado de trabalho e, consequentemente, na educação profissional e tecnológica? Ampliando-se assim a percepção da origem e das interconexões que configuram o objeto da pesquisa e que devem ser levadas em consideração durante toda a análise a ser desenvolvida.

As interpretações construídas durante o diálogo com diversos autores deram origem ao primeiro capítulo deste livro, no qual se discute a reestruturação produtiva, as mudanças na organização do trabalho e implicações na EPT, problematizando os desafios para as políticas e práticas educativas. Nele, situa-se as disputas pelo controle político-ideológico da educação na sociedade capitalista, prevalecendo modelos educativos em prol de interesses do capital, destacando as direções dominantes na vigência do taylorismo/fordismo e no regime de acumulação flexível. Discute-se, ainda, a reestruturação produtiva e os sinais de mudanças no âmbito econômico, social e cultural, as implicações nas lutas sociais e na precarização do trabalho, indicando a instabilidade na estruturação do mercado de trabalho. Por fim, problematiza-se o modelo de formação polivalente, centrado no ensino por competências, indicando-se as lutas por uma perspectiva marxista de educação politécnica e unitária.

O resultado da segunda meta, *desenvolvimento de um histórico da EPT no Brasil, a partir da segunda metade do século XX, destacando as aproximações, contradições e mediações das políticas públicas implantadas*, direcionou a constituição do segundo capítulo do livro. A intenção foi compreender a influência da reestruturação produtiva na EPT brasileira, com destaque para a diversidade de configurações e intenções, respondendo assim ao questionamento sobre: Quais os caminhos e descaminhos da educação profissional e tecnológica brasileira em tempos de reestruturação produtiva? Nessa seção apresenta-se um resgate das medidas e políticas públicas de EPT, formuladas e implementadas pelos governos federais, desde o regime militar até o primeiro governo de Dilma Rousseff. Esse período foi estabelecido a partir do entendimento sobre a forte influência das mudanças provenientes da reestruturação produtiva, pós-crise do modo de produção capitalista. Buscou-se destacar o contexto em que foram instituídas as medidas e as políticas públicas em cada governo do interstício, ressaltando os imperativos de ordem local, nacional e internacional. Durante a pesquisa atentou-se ao registro dos movimentos de resistência, atribuindo-lhes os devidos créditos sobre muitas das conquistas e limites impostos às medidas e políticas governamentais contrárias aos interesses sociais.

A terceira meta buscou *resgatar informações sobre os processos de elaboração, implantação e desenvolvimento do Pronatec, analisando algumas manifestações afirmativas e contrárias a seu respeito*. Para tanto, contou-se com o levantamento da documentação relacionada com o programa, tanto de ordem legal, como referente a sua estruturação, difusão e controle. Como forma de garantir uma análise crítica sobre o programa, foram resgatadas algumas manifestações expressas durante os primeiros quatro anos de seu desenvolvimento, através de matérias jornalísticas, entrevistas, moções, notas, ações judiciais, dentre outros meios.

A quarta meta da pesquisa consistiu em *reconhecer a concepção de EPT expressa na base normativa do Pronatec Bolsa-Formação, destacando suas ambiguidades e contradições*. A análise foi desenvolvida por meio do estudo detalhado da Lei nº 12.513/2011, que instituiu o Pronatec e da Portaria do Ministério da Educação (MEC) nº 168/2013 sobre a oferta da Bolsa-Formação, em busca dos significados/sentidos que exprimissem a concepção de EPT contida no Programa.

Os conhecimentos construídos por meio do cumprimento dessas duas metas deram origem ao terceiro capítulo dessa obra, complementado também com as análises desenvolvidas para o alcance da quinta e última meta da pesquisa, que se propôs a *identificar a forma de objetivação do Pronatec Bolsa-Formação numa instituição pública, compreendendo os reflexos da concepção de EPT assumida pelo Programa*. Para tanto, foram reunidos os dados quantitativos e estatísticos fornecidos pelo Ifma e as informações extraídas das entrevistas feitas com os gestores e docente do Programa no Instituto e com a coordenadora da Seduc/MA.

Por fim, a partir da articulação dos conhecimentos contidos nos três capítulos que compõem essa obra, é possível considerar ter sido dada visibilidade à concepção que condiciona as intencionalidades formativas da política pública de EPT desenvolvida no Brasil, com a implantação do Pronatec Bolsa-Formação.

CAPÍTULO I

REESTRUTURAÇÃO PRODUTIVA, ORGANIZAÇÃO DO TRABALHO E QUALIFICAÇÃO PROFISSIONAL

Neste capítulo foram organizadas informações que auxiliam na compreensão do processo de reestruturação produtiva em desenvolvimento desde os anos 70 do século XX, seus impactos sobre o mercado de trabalho e influências na educação. Nele discute-se a crise do capital e de seu desenvolvimento com base no modelo taylorista/fordista, no confronto com os pressupostos do novo modelo de acumulação flexível, a estruturação de um novo mercado de trabalho, as demandas de qualificação profissional e o estabelecimento de medidas e estratégias que proporcionaram as condições necessárias para o seu estabelecimento.

O texto enfatiza a aproximação entre os imperativos econômicos impostos pela busca de superação da última crise do capital e as demandas de qualificação profissional, centrada no modelo de desenvolvimento de competências, com implicações nas reformas do Estado e políticas educacionais. Tais reflexões permitem compreender o significado e a configuração da educação na sociedade capitalista.

Este estudo foi sistematizado com base em pesquisa bibliográfica com finalidade exploratória, que objetivou reconstruir um quadro teórico explicativo sobre as relações entre esse último movimento de reestruturação produtiva, o mercado de trabalho e a educação, partindo-se de estudos de pesquisadores sobre o processo de passagem do taylorismo/fordismo para o modelo de acumulação flexível. A síntese explicativa enfatiza a relação capital-trabalho-educação e sua exposição foi organizada em duas partes: a primeira analisa a reestruturação produtiva e a nova estrutura do mercado de trabalho, enquanto a segunda reflete sobre as repercussões do modelo de acumulação flexível na educação.

A reestruturação produtiva e a organização do processo de trabalho

A reestruturação produtiva é o movimento de transformação dos meios e processos de produção, do modelo de acumulação do lucro e da organização da força de trabalho na economia capitalista, incluindo estratégias políticas para a sua reprodução e legitimação. Tem origem na década de 70 do século XX, na perspectiva de superar a crise do capital com o registro da queda do lucro, da produção, do consumo e do índice de empregos. Comumente, encontra-se associada à ideia de uma Terceira Revolução Industrial.

Nos antecedentes históricos, registra-se até a metade da década de 70 do século XX, um período de ascensão do modo de produção capitalista a partir do incremento da maquinaria ao processo produtivo e da aplicação dos modelos taylorista e fordista, sob a alcunha de geradores de aumento da produção. Os três princípios da administração científica de Taylor, identificados por Harry Braverman (1987) em seu livro *Trabalho e capital monopolista: a degradação do trabalho no século XX,* podem ser resumidos como: a) a dissociação do processo de trabalho das especificidades dos trabalhadores; b) a separação de concepção e execução e; c) a utilização do monopólio do conhecimento para controlar cada fase do processo de trabalho e seu modo de execução. Tais princípios deixam evidente o interesse do capital em controlar e, por consequência, reduzir a influência das particularidades do trabalho vivo no processo de produção, o que até então era considerado um dos fatores limitantes de sua evolução. Com o trabalho especializado, a rotinização das atividades e a desapropriação do conhecimento sobre a concepção do trabalho, o trabalhador submeteu-se ao processo de alienação e controle do capital. Posteriormente, em associação com os princípios tayloristas, emerge a contribuição de Henry Ford para o regime de aumento da produção. Em primeira análise, constituía-se do aperfeiçoamento da divisão do trabalho – originária da manufatura – acrescida da fixação do trabalhador num determinado posto de trabalho e do transporte de sua matéria prima através de um dispositivo móvel e contínuo (a esteira). Como descreve Harvey (1996), o fordismo trouxe mais que inovações tecnológicas e organizacionais, explicitando sobretudo que a produção de massa significava consumo de massa, dando origem a uma nova forma de reprodução da força de trabalho, com nova estética e nova psicologia, estendendo-se a um novo tipo de sociedade democrática, racionalizada, modernista e populista.

Juntamente a esse desenvolvimento tecnológico e organizacional, o sistema capitalista passou a conviver com a contradição existente entre sua premissa de propriedade privada dos valores da sociedade e a necessidade de distribuição do conhecimento aos operários, requerida pelo novo e próspero modelo de produção. Passando assim, a gerir estratégias de retirada e apropriação do conhecimento dos trabalhadores e da distribuição fragmentada, mediante um sistema dual de educação: um para o trabalho manual e outro para o trabalho intelectual, condição muito bem elucidada por Saviani (2003) ao afirmar que:

> Os trabalhadores não podem ser expropriados de forma absoluta dos conhecimentos, porque, sem conhecimento, eles não podem produzir e, se eles não trabalham, não acrescentam valor ao capital. Desse modo, a sociedade capitalista desenvolveu mecanismos através dos quais procura expropriar o conhecimento dos trabalhadores e sistematizar, elaborar esses conhecimentos, e devolvê-los na forma parcelada (SAVIANI, 2003, p. 137).

Esse cenário de contradições gerou movimentos de resistência e organização da classe trabalhadora para a garantia de melhores condições, além de despertar interesse de muitos intelectuais. Dentre eles, destaca-se sobremaneira as contribuições teóricas de Karl Marx, com estudos sobre a sociedade classista burguesa e as relações sociais e de trabalho nas grandes indústrias, nos quais descreve o desenvolvimento tecnológico do século XIX e, na perspectiva dos operários e do proletariado, prospecta seu desdobramento.

Para Marx (1996), na garantia do movimento de aperfeiçoamento da base técnica de produção capitalista para elevação dos seus resultados, fundamentada na divisão do trabalho e na mais-valia, havia implícito um processo de expropriação da força e do saber do trabalhador, através da desqualificação do seu trabalho, o que possibilitou importantes avanços em se tratando do controle do capital sobre a classe trabalhadora. Em sua célebre obra *O Capital*, no capítulo destinado à maquinaria, descreveu muitos dos aspectos relacionados com tal expropriação, entre os quais a apropriação de forças de trabalho suplementares (feminino e infantil), o prolongamento da jornada de trabalho, a intensificação e as insalubres condições de trabalho.

As contribuições de Marx ultrapassaram o caráter descritivo e contemplaram aspectos relacionados à proposta de uma reestruturação social, destacando princípios que possibilitariam a revolução por parte da classe trabalhadora. Ao tratar da Lei Fabril da Inglaterra, no que tange às cláusulas educacionais que regulamentavam o trabalho infantil, gerando sua dependência à emissão de certificados que deveriam ser apresentados aos fiscais nas oficinas, Marx declarou e apontou os indícios da educação ideal para os trabalhadores:

> Por parcas que pareçam no todo, as cláusulas educacionais da lei fabril proclamam a instrução primária como condição obrigatória para o trabalho. Seu êxito demonstrou, antes de tudo, a possibilidade de conjugar ensino e

ginástica com trabalho manual, por conseguinte também trabalho manual com ensino e ginástica. Os inspetores de fábrica logo descobriram, por depoimentos de mestres-escolas, que as crianças de fábricas, embora só gozem de metade do ensino oferecido aos alunos regulares de dia inteiro, aprendem tanto e muitas vezes até mais. [...] Do sistema fabril, como se pode ver detalhadamente em Robert Owen, brotou o germe da educação do futuro, que há de conjugar, para todas as crianças acima de certa idade, trabalho produtivo com ensino e ginástica, não só como um método de elevar a produção social, mas como único método de produzir seres humanos desenvolvidos em todas as dimensões (MARX, 1996, p. 111-112).

A partir daí é dada origem ao que seria concebido pelos marxistas como princípio educativo socialista. Mesmo que para sua plena implantação fosse necessária a total ruptura das premissas da sociedade burguesa, na concepção de Marx e Engels, a educação politécnica deveria começar ainda no capitalismo, sob a perspectiva do desenvolvimento das contradições, ou seja, no processo dialético entre continuidade e ruptura. Tal orientação foi muito bem esclarecida por Machado (1991) ao tratar sobre politecnia, escola unitária e trabalho:

> O ensino politécnico, de preparação multifacética do homem, seria o único capaz de dar conta do movimento dialético de continuidade-ruptura, pois não somente estaria articulado com a tendência histórica de desenvolvimento da sociedade, como a fortaleceria. [...] contribuiria para aumentar a produção, fortalecer o desenvolvimento das forças produtivas, e intensificar a contradição principal do capitalismo (entre socialização crescente da produção e mecanismos privados da apropriação). Por outro lado, contribuiria para fortalecer o próprio trabalhador, desenvolvendo suas energias físicas e mentais, abrindo-lhe os horizontes da imaginação e habilitando-o a assumir o comando da transformação social (MACHADO, 1991, p. 126-127).

No propósito de compreender a educação socialista, Manacorda (1990) ressalta a interpretação de um dos marxistas mais representativo, dentre os intelectuais orgânicos da classe proletária, o italiano Antônio Gramsci, que defende o princípio educativo da escola unitária a partir de dois pontos de vista: um intelectual, que destaca o conhecimento das leis da natureza e da sociedade e; o outro moral, com o hábito de um sistema de vida harmonicamente equilibrado.

Com o levante do socialismo no leste europeu no início do século XX, muitos países implantaram propostas de unidade escolar baseada numa concepção de politecnia. Segundo Machado (1991), registraram-se diversidades e particularidades de concepções e experiências, estando alguns países mais focados nos pressupostos pedagógicos (como no caso da Alemanha), outros na efetivação da relação teoria e prática e alguns ainda na redução da dualidade seletiva do ensino oferecido às elites e ao proletariado. Entre as décadas de 80 e 90 do século XX, com a derrocada da maioria dos governos socialistas, muitas dessas experiências também sofreram desgastes, permanecendo estudos e experiências oriundas da reminiscência marxista, no movimento pela escola unitária, frente aos desafios e contradições capitalista.

Ao final da segunda guerra, o mundo passou a se reorganizar econômica e politicamente, gerando para as indústrias a necessidade de aperfeiçoamento do seu processo produtivo para o atendimento às novas demandas. Estudos minuciosos de cientistas das mais diversas áreas investigaram o processo de produção, a fim de garantir o equilíbrio entre a racionalização da mão de obra e o aumento da produção.

Na obra *O trabalho em Migalhas*, Georges Friedman (1972) destaca diversas contribuições sobre esse tema, dentre elas, o estudo de Peter Drucker sobre o declínio das vantagens da divisão do trabalho, considerando a elevação, a níveis extremos, do conceito do ser humano como máquina-ferramenta, feita para uma única operação, sendo identificadas três grandes causas latentes de perturbações para o operário:

Primeiramente, a automação do trabalho, reduzido a um único movimento, aumenta a fadiga, conduz a danos fisiológicos e nervosos (tiques, dores de cabeça, surdez, neurites). Em segundo lugar, o operário fica sujeito a seguir a cadência do operador mais lento da cadeia, sem poder trabalhar segundo seu próprio ritmo pessoal, do que resultam, ainda aqui, fadiga, irritabilidade, explosões e nervosismo. Enfim, o operário, não efetuando jamais um trabalho completo com o qual possa identificar sua atividade pessoal, se acha privado de interesse e frustrado (FRIEDMANN, 1972, p. 65).

Mesmo com diversos questionamentos, pode-se constatar que, durante o interstício da Primeira e Segunda Grande Guerra e após o término da última, emergiram tempos gloriosos para o capitalismo, que consolidaram a hegemonia dos Estados Unidos como potência econômica e financeira, sustentada pelo domínio militar. O ideário da vida perfeita é representado pela família "estadunidense", o aumento da produção e do consumo de massa alcançado pelo fordismo, o controle social propiciado pela política de governo keynesiano de bem-estar social e o sistema financeiro mundial passa a ser mediados pelo dólar, com o acordo de *Bretton Woods*[4].

Enquanto isso no oriente, especificamente no Japão com sua rendição ao final da Segunda Grande Guerra, com a ocupação norte-americana e com o início do processo de reestruturação do país, o sistema de produção passou a ser pesquisado em profundidade, para que fosse possível alcançar bons níveis de

---

4   Resultado da Conferência Monetária e Financeira das Nações Unidas, realizada na cidade de Bretton Woods, estado de New Hampshire, nos Estados Unidos. Teve como objetivo reconstruir o capitalismo mundial, a partir de um sistema de regras que regulasse a política econômica internacional. A proposta era garantir a estabilidade monetária das nações. O acordo definiu que cada país seria obrigado a manter a taxa de câmbio de sua moeda igual ao dólar, com margem de 1%. A moeda norte-americana, por sua vez, estaria ligada ao valor do ouro em uma base fixa. Também foram criadas instituições multilaterais, o Banco Mundial e o Fundo Monetário Internacional (FMI), para acompanhar esse novo sistema financeiro e garantir liquidez na economia.

produtividade e rentabilidade, em tempos de variação de tipos e volume de demanda. Nesse sentido, Benjamin Coriat (1994), publicou seu ensaio sobre o modelo japonês de trabalho e sua organização, intitulado *Pensar pelo avesso*, onde foi analisado o "método Toyota" sob o prisma de seu maior responsável, Taiichi Ohno, que afirmava se tratar da combinação de dois princípios, ou ainda pilares, sobre os quais sua construção repousava: a produção *just in time* e a autoativação da produção.

Em sua obra Coriat (1994) considera que as pesquisas e implementações realizadas pela empresa Toyota foram baseadas nesses pilares e associadas a outros princípios, protocolos e métodos tais como: a polivalência dos trabalhadores, a administração pelos olhos, o método Kan-Ban, a linearização da produção, o trabalho em tempo partilhado, a qualidade total, a divisão funcional do trabalho e arquitetura horizontal da empresa, constituindo-se em uma nova escola de gestão da produção, o Toyotismo.

O aprimoramento da gestão da produção Toyotista e as respostas positivas às problemáticas que o originaram, fizeram com que muitos dos seus preceitos, posteriormente, viessem a ser incorporados como estratégias de superação em empresas ocidentais, no intuito de substituir modelos vigentes que não mais correspondiam às exigências conjunturais. Ao se referir à relação entre a origem e o potencial do método japonês de produção, Coriat (1994) faz a seguinte consideração:

> Se há provavelmente motivos para explicar porque métodos novos nasceram no Japão (e essencialmente na década de 50), nada aí limita a generalização de seu valor, ou para dizer de maneira ainda mais clara, sua "transferibilidade" e sua aplicabilidade em espaços sociológicos outros que não aqueles nos quais e para os quais certas técnicas foram formadas. Há no ohnismo o "contingente" e o "universal", só que não mais do que há ou havia no taylorismo e no fordismo (CORIAT, 1994, p. 24).

De forma gradativa, durante a segunda metade do século XX, o equilíbrio financeiro da economia capitalista demonstrou fragilidade, dando início a uma grande crise. A economia passou então por um processo de desaceleração do seu crescimento, resultante da redução nas taxas de lucros, que tornaram elevados os compromissos assumidos para o cumprimento dos direitos sociais e tributários das organizações.

No decorrer da década de 70 do século XX, abriram-se frentes de combate à recessão, que geraram estratégias políticas de âmbito global. Segundo Netto e Braz (2010, p. 215), o movimento sindical sofreu ataques por meio de medidas legislativas que garantiam o assalto do patronato e, simultaneamente, o esgotamento da rígida modalidade de acumulação e a instauração da reconhecida terceira fase do estágio imperialista, a acumulação flexível.

Em um estudo que esclarece a transformação político-econômica do final do século XX, David Harvey (1996) apresenta a rigidez como a melhor forma de entender os problemas enfrentados pelo capitalismo à época. O autor argumenta que a rigidez dos investimentos de capital fixo de larga escala e de longo prazo em sistemas de produção em massa, impedia muita flexibilidade de planejamento e presumia crescimento estável em mercados de consumo invariante. No mesmo sentido, destaca a existência da rigidez nos mercados, na alocação e nos contratos de trabalho, apoiados na força sindical da classe trabalhadora. E, ainda, ressalta a rigidez dos compromissos do Estado com o aumento dos programas de assistência, frente à rigidez da produção, que restringia a expansão da base fiscal para gastos públicos.

Por consequência, a alternativa que se apresentava à política monetária era a possibilidade de imprimir a quantidade de moeda suficiente para a estabilidade da economia, o que deu início ao processo de virtualização financeira, a qual teve o seguinte desdobramento, segundo Harvey (1996):

O mundo capitalista estava sendo afogado pelo excesso de fundos e, com as poucas áreas produtivas reduzidas para investimento, esse excesso significava uma forte inflação. A tentativa de frear a inflação ascendente em 1973 expôs muita capacidade excedente nas economias ocidentais, disparando antes de tudo uma crise mundial nos mercados imobiliários e severas dificuldades nas instituições financeiras (HARVEY, 1996, p. 136).

Soma-se a esse cenário a crise do petróleo, originada do aumento de preço e o embargo da exportação ao ocidente, durante a guerra árabe-israelense de 1973. O mundo capitalista passa a viver um conturbado período de reestruturação econômica e de reajustamento social e político. O que, para Harvey (1996), motivou o surgimento dos primeiros ímpetos da passagem para um regime de acumulação inteiramente novo, associado com um sistema de regulamentação política e social bem distinto, identificado como acumulação flexível, o qual caracterizou como:

> Marcada por um confronto direto com a rigidez do fordismo. Ela se apoia na flexibilidade dos processos de trabalho, dos mercados de trabalho, dos produtos e padrões de consumo. Caracteriza-se pelo surgimento de setores de produção inteiramente novos, novas maneiras de fornecimento de serviços financeiros, novos mercados e, sobretudo, taxas altamente intensificadas de inovação comercial, tecnológica e organizacional (HARVEY, 1996, p. 140).

No processo de implantação do modelo de acumulação flexível, surgiram modificações em vários aspectos da produção, as quais podem ser identificadas, segundo Leite (2003) como: a) modificações nas características dos produtos – substituição da produção em massa de produtos "estandartizados", pela produção em lotes de produtos diferenciados, visando atender ao recrudescimento da competição ; b) modificações na tecnologia empregada na produção – substituição da tecnologia de base eletromecânica pela microeletrônica, muito mais produtiva e mais afeita a uma produção profundamente diferenciada ; c) modificações nas formas de organização da produção e do trabalho – como forma de garantir maior flexibilidade à produção; e d) modificações na estrutura industrial – relação entre o conjunto das empresas que participam da produção das mais variadas linhas de produtos.

O processo de transição entre a rigidez do modelo taylorista/fordista e o modelo de acumulação flexível trouxe o acirramento da competição entre as empresas e promoveu significativas transformações na forma de produzir. A produção e os atores sociais nela envolvidos começam a sofrer adaptações e alterações exigidas pelo novo modelo, que vem se firmando sob o auspício do equilíbrio da balança financeira do sistema capitalista. Para Leite (2003) essas adaptações são oriundas das premissas da reestruturação produtiva (flexibilização da produção e inserção de novas tecnologias) e da expansão dos mercados (mundialização da economia).

A mundialização da economia capitalista, segundo Chesnais (2008), é resultado de dois processos: um movimento do capital das economias centrais, no sentido de uma expansão para o exterior, na busca pela superação da queda da taxa de lucro e; a aplicação de políticas sistemáticas de liberalização e de desregulamentação do comércio, dos fluxos financeiros e dos investimentos diretos, assim como de privatização das empresas públicas. Garantindo assim, elevado grau de liberdade de circulação e de ação para as empresas transnacionais, os bancos internacionais e os investidores institucionais, por meio do efeito de tratados multilaterais ou bilaterais nascidos da projeção internacional das posições de domínio econômico e político dos Estados membros do G7[5], Estados Unidos e Reino Unido.

---

5 Grupo que reúne os sete países mais industrializados do mundo (Estados Unidos, Alemanha, Canadá, França, Itália, Japão, Reino Unido) e tem como principal objetivo coordenar a política econômica e monetária mundial.

O processo de mundialização ou globalização, na prerrogativa de alcance de espaços alternativos de produção, ultrapassa o âmbito econômico e faz emergir fenômenos de dimensão social, impulsionados pela necessidade da incorporação dos interesses particulares e respectivas exigências das empresas transnacionais à cultura local, a fim de garantir a produtividade almejada.

Do ponto de vista da classe trabalhadora, esclarece Frigotto (2013), a reestruturação dos meios de produção – a partir de bases tecnológicas flexíveis que facilitam o deslocamento de investimento de um lado a outro do mundo, na busca pelo aumento da taxa de lucros – desmobiliza e míngua a organização e o poder sindical. O que, por sua vez, força a negociação de direitos conquistados por uma garantia mínima do emprego, ampliando a possibilidade de superexploração da força de trabalho.

Verifica-se, no âmbito do modelo de acumulação flexível, que aspectos econômicos, tecnológicos e organizacionais do processo de reestruturação da produção, tiveram repercussão em pontos estruturais da sociedade mundial. Especificamente para este estudo, se faz essencial o aprofundamento sobre a temática em relação com a reestruturação do mercado de trabalho e, para tanto, serão destacadas a seguir duas análises, elaboradas por David Harvey e Manuel Castells, que se propõem a fazer considerações acerca dessa nova estrutura.

Para Harvey (1996), o enfraquecimento do poder sindical e a grande quantidade de mão de obra excedente contribuíram sobremaneira na imposição de regimes e contratos de trabalho, considerados mais flexíveis. Como resultado, o autor apresenta uma estrutura de mercado de trabalho em condições de acumulação flexível, reproduzida aqui na Figura1.

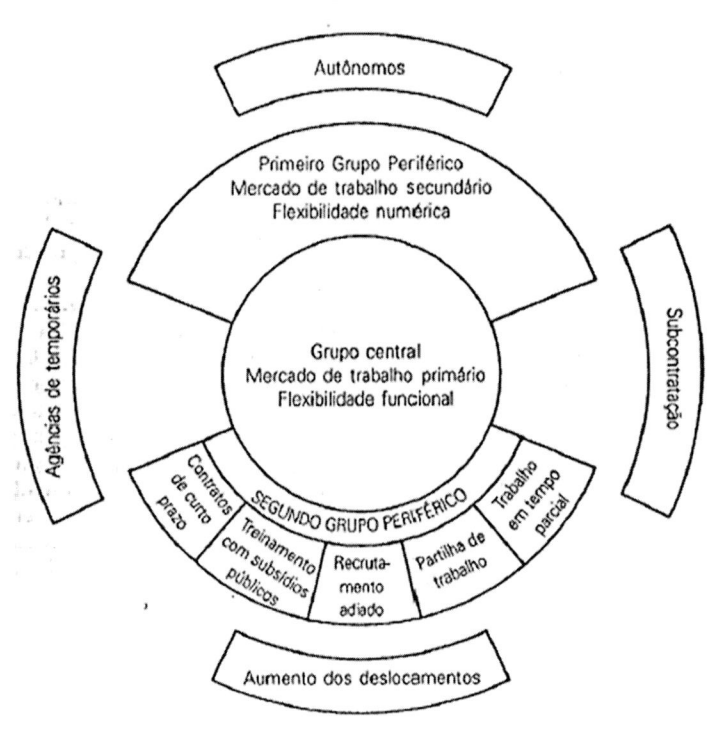

Figura 1 - **Estrutura do mercado de trabalho no modelo de acumulação flexível, apresentada por Harvey (1996)**

Fonte: HARVEY, 1996, p. 143

Na análise de Harvey (1996), no centro da estrutura está o grupo que tende a diminuir cada vez mais, constituído dos empregados em tempo integral, com posição essencial para o futuro de longo prazo da organização, além de dispor de muitos benefícios. Na periferia estão dois grupos distintos, o primeiro consiste em empregados em tempo integral com habilidades facilmente disponíveis no mercado de trabalho (pessoal do setor financeiro, secretárias, de trabalho rotineiro e manual menos especializado). O segundo grupo oferece ainda maior rotatividade e ele inclui empregados em tempo parcial, casuais e por tempo determinado, temporários, subcontratações, em treinamento, enfim que dispõem de menos benefícios que o grupo anterior.

Pela representação gráfica apresentada e a descrição dos grupos que a compõe, o autor propicia observar três questões relevantes para a compreensão das consequências diretamente ligadas a classe trabalhadora. Primeiramente, a fragilidade e a perda dos direitos trabalhistas e das exigências de condições dignas de trabalho, conquistados com muita luta sindical, considerando que a nova estrutura pressupõe redução dos trabalhadores "centrais" e o aumento das subcontratações. A segunda questão trata-se da demanda de organização de sistemas que gravitam ao redor do mercado, abastecendo-o (pequenos negócios, autônomos, agências de temporários), servindo tanto como estratégias de sobrevivência para os desempregados, como formas organizadas de precarização do trabalho, sonegação de impostos, atrativos de altos lucros no comércio ilegal. E, por fim, a quase falência da organização da classe trabalhadora, principalmente por via sindical, haja vista a dispersão em diversas formas de organização, muitas vezes de cunho familiar (pequenos negócios) ou ainda de caráter pessoal (autônomo).

Outra perspectiva de análise sobre o fenômeno da transformação da economia capitalista e do mercado de trabalho, a partir da reestruturação produtiva do modelo de acumulação flexível, está no incremento de tecnologias avançadas, mediante o aperfeiçoamento de equipamentos e sistemas de origem militar para aplicação no processo de produção, da qual emergiu a teoria da pós-industrialização.

Essa análise de autoria de Manuel Castells (1999), resultante de seu estudo sobre a sociedade em rede, destaca características que distinguem uma economia industrial e uma pós-industrial. Primeiramente, ele esclarece que a fonte do crescimento da produtividade após a Segunda Grande Guerra não é a melhor característica para distingui-la, mas sim a revolução nas tecnologias da informação e sua difusão em todas as esferas de atividades social e econômica, incluindo a sua contribuição no fornecimento da infraestrutura para a formação de uma economia global.

O segundo argumento desse autor consiste na reavaliação da relação entre a economia pós-industrial e o fim da indústria, porque houve compensação. Mesmo ocorrendo uma redução no emprego industrial e um aumento do emprego no setor de serviço, visto que variou a retração e expansão de empregos na indústria entre segmentos, região e países. Também, considera a interpretação errônea de substituição da indústria pelo serviço, por haver relação estreita entre eles, tendo-se urgência na diversificação dos conceitos que categorizam as atividades econômicas, devido as dificuldades de discriminá-las e associá-las a partir das tradicionais categorias (setor primário, setor secundário e setor terciário).

Por fim, Castells (1999) critica a análise simplista de que o pós-industrialismo refere-se à expansão das profissões ricas em informação, com cargos de administradores, profissionais especializados e técnicos, identificados como o cerne da nova estrutura ocupacional. Também, relembra que o incremento tecnológico no chão de fábrica absorve boa parte da qualificação dos trabalhadores e destaca a tendência de crescimento das profissões em serviços mais simples e não qualificadas, o que caracteriza uma estrutura social cada vez mais polarizada em que os dois extremos aumentam sua participação em detrimento da camada intermediária.

Sobre o aumento dos empregos no setor de serviços nas economias avançadas, Castells (1999) traz a afirmação de que suas origens e dimensões diferem em cada uma de suas categorias. Nos serviços de produção estão aqueles que fazem parte da nova estrutura de abastecimento e terceirização da produção e sua dimensão anda de mãos dadas com o aumento da sofisticação e produtividade da economia. Os serviços de distribuição encontram-se associados à comunicação, ao transporte e ao comércio e ainda se mantêm em dimensão relativamente estável, porém com tendência de substituição tecnológica. Nos serviços sociais, referentes às atividades públicas e consumo coletivo, encontram-se registrados os maiores aumentos, associando-se mais ao Estado e à sociedade do que com o desenvolvimento da economia. Quanto aos serviços pessoais que atendem ao consumo individual, estes encontram-se em expansão e estão relacionados com a "sociedade do lazer" e tendem a se manter mesmo em economias avançadas.

A relação trabalho-capital em tempo de acumulação flexível, que configura a estrutura do mercado de trabalho e a difusão da tecnologia da informação na economia, na análise de Castells (1999), por si só não pressupõe desemprego, chegando mesmo a melhorar o nível da estrutura ocupacional e do emprego de baixa qualificação. Entretanto, a transição para uma sociedade informacional, envolvida em circunstâncias históricas, bem como as oportunidades tecnológicas e os imperativos econômicos, voltados para a reversão da diminuição dos lucros sem causar inflação, atuaram sobre os custos da mão de obra, deteriorando as condições de trabalho e de vida (desemprego, queda dos salários reais, aumento da desigualdade, instabilidade, subemprego, informalização, desvalorização da mão de obra urbana e marginalização da mão de obra rural) para uma parte significativa dos trabalhadores.

A diversidade de padrões de reestruturação produtiva, provenientes da especificidade de cada categoria e segmento de produção, assim como das particularidades históricas, políticas, econômicas, sociais e culturais de cada sociedade, corresponde à flexibilidade proposta pelo novo modelo de acumulação. Entretanto, Castells (1999) extraiu do estudo dessa pluralidade características que identificam uma estrutura social e, consequentemente, a configuração do trabalho, comum ao novo modelo de acumulação flexível do modo de produção capitalista, esclarecendo que:

> A sociedade ficou dividida, como na maior parte da história, entre vencedores e perdedores do contínuo processo de negociação desigual e individualizada. [...] Portanto, as sociedades estavam/estão ficando aparentemente dualizadas, com uma grande camada superior e também uma grande camada inferior, crescendo em ambas as extremidades da estrutura ocupacional, portanto encolhendo no meio, em ritmo e proporção que dependem da posição de cada país na divisão do trabalho e de seu clima político. Mas, lá no fundo da estrutura social incipiente, o trabalho informacional desencadeou um processo mais fundamental: a desagregação do trabalho, introduzindo a sociedade em rede (CASTELLS, 1999, p. 351)

Com essa explanação, observa-se que, da ascensão e desgaste do taylorismo/fordismo até a incorporação do modelo de acumulação flexível, a relação trabalho-capital manteve seus interesses sustentados no sacrifício da mão de obra da classe trabalhadora e, por consequência, o mercado de trabalho configurou-se para corresponder às estruturas ditadas pelo modelo capitalista em vigor.

É bem certo que as resistências e lutas travadas durante esse processo são mais acirradas, quanto maior for a mobilização e organização dos trabalhadores. Nesse sentido, o sistema capitalista recorre à utilização da superestrutura para garantir enfrentamentos mais amenos, que possibilitem a flexibilidade e expansão mundial do capital. Considerando o sistema educativo como parte dessa superestrutura, encontram-se no próximo tópico questões referentes à influência desse modelo na educação, haja vista ter se tornado essencial para o seu sucesso, a incorporação dos seus preceitos no processo educativo.

As repercussões do modelo de acumulação flexível na qualificação do trabalhador

Para subsidiar a proposta de reconhecimento da influência do modelo de acumulação flexível na educação, sugere-se uma releitura da estrutura do mercado de trabalho apresentada por Harvey (1996), destacada no tópico anterior, propondo-se agora aplicar sobre ela a ótica da qualificação profissional dos indivíduos que efetivamente a constituem.

Para tanto, apresenta-se na Figura 2 uma nova representação gráfica, com a sobreposição de cada grupo com os perfis dos seus respectivos profissionais. Tendo sido identificados tais perfis, a partir da descrição das condições de trabalho dos grupos, feita por Harvey (1996), quando da apresentação da estrutura original.

Figura 2 - Adaptação feita sobre o esquema "Estrutura do mercado de trabalho no modelo de acumulação flexível de Harvey"

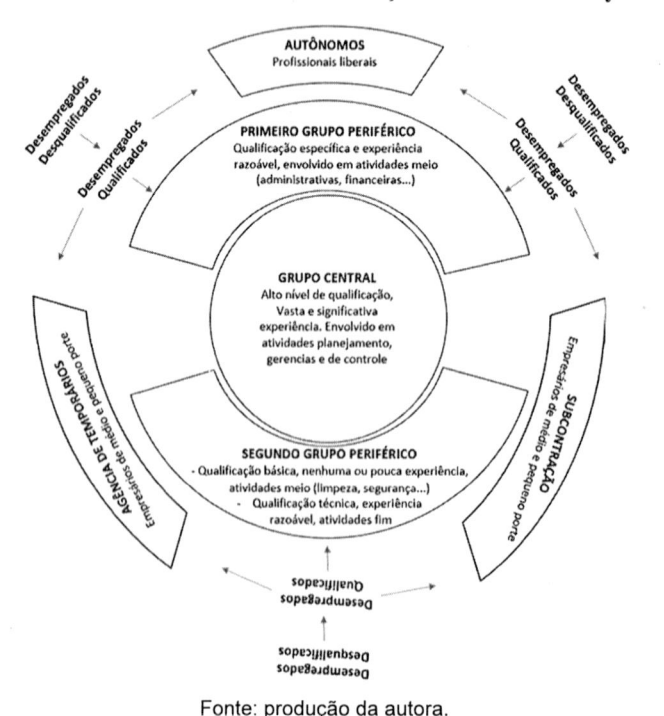

```
                    AUTÔNOMOS
                Profissionais liberais

    Desempregados                    Desempregados
    Desqualificados                  Desqualificados
        Desempregados            Desempregados
        Qualificados             Qualificados

            PRIMEIRO GRUPO PERIFÉRICO
        Qualificação específica e experiência
        razoável, envolvido em atividades meio
           (administrativas, financeiras...)

                GRUPO CENTRAL
              Alto nível de qualificação,
              Vasta e significativa
              experiência. Envolvido em
              atividades planejamento,
              gerencias e de controle

            SEGUNDO GRUPO PERIFÉRICO
    - Qualificação básica, nenhuma ou pouca experiência,
      atividades meio (limpeza, segurança...)
    - Qualificação técnica, experiência
      razoável, atividades fim

                Desempregados
                Qualificados
                
                Desempregados
                Desqualificados
```

(AGÊNCIA DE TEMPORÁRIOS — Empresários de médio e pequeno porte / SUBCONTRAÇÃO — Empresários de médio e pequeno porte)

Fonte: produção da autora.

Devido às peculiaridades da análise da estrutura do mercado de trabalho, na perspectiva da qualificação profissional no modelo de acumulação flexível, foram acrescidos novos perfis, sem grupo correspondente na figura apresentada por Harvey (1996), identificados a partir da observação dos movimentos na sociedade contemporânea.

Considerando a clareza da descrição dos perfis de cada grupo por indicação de Harvey (1996), serão feitos esclarecimentos somente quanto aos dois perfis acrescentados na estrutura de modelo de acumulação, sob a ótica da qualificação profissional, são eles: os *qualificados desempregados* e os *desqualificados desempregados*.

Os *qualificados desempregados*, que buscam colocação na hipótese da manutenção de sua qualificação em níveis significativos de empregabilidade. O alcance da colocação é garantido pela rotatividade do mercado ou, ainda, pela sua possível expansão. Assim, caso logrem êxito em sua empreitada, esses sujeitos passam imediatamente à luta pela manutenção do seu emprego, galgando sempre uma penetração cada vez maior na estrutura, objetivando dessa forma distanciarem-se da possibilidade de retorno à condição de desempregados.

Os *desqualificados desempregados*, que são oriundos da condição de qualificado desempregado que não conseguiu manter sua qualificação em níveis significativos de empregabilidade, ou ainda, indivíduos recém-chegados à condição de população economicamente ativa, que não passaram por processo de qualificação. Ou seja, trata-se de um grupo que se encontra alheio ao mercado de trabalho, numa condição de total exclusão e negação do direito ao trabalho.

Para melhor interpretação da estrutura do mercado de trabalho apresentada, deve-se relembrar as prerrogativas do modelo de produção ao qual ela está inserida, bem como sua dinâmica de aperfeiçoamento dos processos (tecnologia), de racionalização da força de trabalho (apropriação dos conhecimentos do trabalhador) e precarização do trabalho nas atividades periféricas (formas flexíveis de contratação). O que reduz a dependência do mercado de trabalho ao trabalhador, gerando a maior impessoalidade possível.

Como esclarece Chesnais (2008), a geração do exército de reserva corrobora com a alienação e o individualismo do trabalhador, que aciona seu instinto de sobrevivência, submeter-se a condições degradantes de trabalho e lutando a todo custo pela sua manutenção. Assim, analisa que:

> No capital, a existência de um importante 'exército industrial de reserva' não designa somente um número elevado de desempregados, mas sim de desempregados em situação de extrema submissão ao capital a ponto, diz Marx, de formar uma massa que 'pertence ao capital de uma maneira tão absoluta como se ele a tivesse criado e disciplinado a seu próprio custo (e que) fornece as suas necessidades de valorização flutuantes [...] a matéria humana sempre explorável e disponível' (CHESNAIS, 2008, p. 35-36).

A proposta de análise sobre o mercado de trabalho no modelo de acumulação flexível na perspectiva da qualificação profissional, atesta a existência de uma estrutura bastante estratificada, tendo ao centro um núcleo estreito e seleto, com expansão para os extremos num movimento crescente em volume e decrescente em qualificação, remuneração, benefícios e segurança.

Nessas condições, emergem dois fenômenos a exclusão includente e a inclusão excludente, esclarecidos por Kuenzer (2002, p. 92) como sendo o primeiro a exclusão do trabalhador do mercado de trabalho formal, incluindo-o novamente agora em condições precárias e o segundo como a inclusão do trabalhador nos diversos níveis e modalidades da educação, com padrões de qualidade questionáveis, favorecendo a justificativa para sua exclusão do mundo do trabalho, a partir de sua incompetência.

Enfim, verifica-se que a mobilidade do trabalhador no mercado de trabalho concentra-se na relação entre qualificação e oportunidade. Ou seja, numa relação exercida sob uma lógica inversamente proporcional, na qual quanto maior for o nível de qualificação, menor será a quantidade de oportunidades que corresponde às expectativas de condições de trabalho, rendimento, benefícios e segurança. Da mesma forma, quanto menor for o nível de qualificação, maior será o número de oportunidades, porém em condições nem sempre consideradas ideais, podendo chegar a níveis impróprios.

Essa afirmação é reforçada na análise de Ramos (2006) sobre a relação ambígua entre educação e a oferta de emprego, na qual compreende que a educação é um fator que diminui o risco do desemprego, visto que proporciona ao empregador a possiblidade de antecipar-se às necessidades futuras de trabalhadores autoprogramáveis, porém em outro sentido, também há uma retração de oferta de empregos para atividades mais complexas.

Assim, pode-se levar em consideração a partir daqui que os dois elementos levantados – oportunidade e qualificação – são de grande complexidade no que tange à análise da estrutura e funcionamento do mercado de trabalho capitalista no modelo de acumulação flexível. No que se refere à oportunidade, por não haver neste trabalho espaço devido para o seu aprofundamento, não se analisará os fatores associados a sua dinâmica, tais como: desenvolvimento da economia, empregabilidade, empreendedorismo e inovação, os quais muitos estudiosos vêm se debruçando e que mesmo mantendo uma certa relação com o objeto deste estudo, não é o seu foco específico, sendo portanto tratado em outra ocasião.

A qualificação, por sua vez, é identificada como fonte de diversos estudos nas áreas de economia, filosofia, sociologia, educação, dentre outras. E, devido sua estreita relação com o processo de produção e o mercado de trabalho, tem suas interpretações provenientes dos movimentos históricos que impactam as relações de trabalho. Motivo pelo qual vários pesquisadores se rendem ao seu estudo com base no enquadramento clássico das três fases históricas do processo de produção (artesanal, manufatura, industrial).

Esse esquema trifásico combina-se a partir das últimas décadas do século XX, segundo Paiva (1991), com quatro teses que se referem à qualificação média do trabalhador no capitalismo contemporâneo: a) Tese de desqualificação – reprodução do processo de desqualificação, característico da transição do artesanato para a manufatura, sendo progressiva tanto em termos absolutos como relativos; b) Tese de requalificação – o capitalismo contemporâneo, com seus processos de automação, de consumo de massa etc., requer uma elevação da qualificação média dos trabalhadores; c) Tese da polarização das qualificações – apenas um pequeno número de profissionais altamente qualificados são exigidos pelo capitalismo, enquanto o processo de desqualificação é enfrentado pela grande massa de trabalhadores e; d) Tese da qualificação absoluta e da desqualificação relativa – o capitalismo contemporâneo necessita de homens mais qualificados em termos absolutos (a qualificação média se elevaria), enquanto a qualificação relativa, considerando-se o nível de conhecimento atingido pela humanidade, reduzir-se-ia, se comparada com épocas pretéritas.

Outro grande debate acadêmico sobre o tema da qualificação, esclarece Ramos (2006), encontra-se na tendência simultânea de desespecialização e de precarização do trabalho. Respectivamente, pelo fato dos saberes dos trabalhadores serem incorporados pela tecnologia da informação e pela desregulamentação e flexibilização das regras de acesso e permanência no mercado de trabalho.

Contudo, dentre as adaptações que envolvem a qualificação, a partir da reestruturação produtiva exigida pelo modelo de acumulação flexível, aquela que de maneira mais contundente impacta na configuração da educação diz respeito à incorporação do modelo de competência. Pelo que Ramos (2006) faz a seguinte consideração:

> Não obstante o debate que envolve a qualificação, este é um conceito consolidado na sociologia, pelo menos nos limites em que organiza as relações formais de trabalho remetendo-se, simultaneamente, à existência de práticas educativas que ajudam a legitimar o estatuto do trabalho qualificado. Já a noção de competência, original das ciências cognitivas, surge com uma marca fortemente psicológica para interrogar e ordenar práticas sociais (RAMOS, 2006, p. 39).

Na concepção de Zarifian (2003), a emergência do modelo de competência trata-se de uma transformação de longo prazo, um desafio global, relacionado ao processo de substituição de dois grandes modelos dominantes, o *modelo da profissão* – formação particularmente atribuída ao trabalhador e reconhecida socialmente, com origem nas corporações artesanais urbanas, que vem sendo combatida, desde o final do século XVIII, por contrastar com o modelo político liberal da economia capitalista– e o *modelo do posto de trabalho* – atributos a serem correspondidos circunstancialmente pelo trabalhador, sob a égide do taylorismo e utilizado para combater o modelo da profissão.

No contexto atual do modelo de acumulação flexível, a competência é incorporada e mobilizada nas diversas situações de trabalho, sendo concebida, conforme indica Ramos (2006, p. 79), como "o conjunto de saberes e capacidades que os profissionais incorporam por meio da formação e da experiência, somados à capacidade de integrá-los, utilizá-los e transferi-los em diferentes situações profissionais". Acrescentando ainda sua aproximação com a definição proposta por Zarifian, que relaciona a competência com a inteligência prática, responsabilidade, autonomia, cooperação e disposição comunicativa.

A emergência do modelo de competência atende aos interesses da relação trabalho-capital que correspondem aos tempos de flexibilização do modo de produção capitalista e, para tanto, sua abrangência está para além da dimensão econômica. Na concepção de Ramos (2006) há três propósitos dessa emergência, relacionada com a educação, a saber:

> a) reordenar conceitualmente a compreensão da relação trabalho-educação, desviando o foco dos empregos, das ocupações e das tarefas para o trabalhador em suas implicações subjetivas com o trabalho; b) institucionalizar novas formas de educar/formar os trabalhadores e de gerir o trabalho internamente às organizações e no mercado de trabalho em geral, sob novos códigos profissionais em que figuram as relações contratuais, de carreira e de salário; c) formular padrões de identificação da capacidade real do trabalhador para determinada ocupação, de tal modo que possa haver mobilidade entre as diversas estruturas de emprego em nível nacional e, também, em nível regional (RAMOS, 2006, p. 39).

A aplicação do modelo de competência não se restringe a algumas profissões, postos de trabalho ou especialidades, estando presente em todos os níveis de relação do indivíduo com o mercado de trabalho, variando tão somente em volume e complexidade. Assim, Ramos (2006) considera que a perspectiva de materializar o deslocamento conceitual de qualificação para competência remete a institucionalização do modelo por meio de reformas, que consistem num processo em que diversos sujeitos sociais implementam ações concretas, inclusive no sistema educativo.

A emergência do modelo de competência e a dependência de estruturação de um sistema educativo correspondente, que para sua efetivação requer ações concretas, pressupõem a geração de uma espécie de "ponto de interseção" entre as esferas de sujeitos sociais que compõem a sociedade e que mantêm relação direta com a educação, em especial àquela destinada à classe trabalhadora (empresários, trabalhadores e Estado). A existência de tal ponto de interseção não deve desconsiderar o antagonismo dos interesses educacionais dos sujeitos sociais envolvidos, assim como as contradições que eles vivenciam a partir da incorporação do modelo de competência.

Do ponto de vista dos trabalhadores, mais desfavorecido, mantêm-se os propósitos de uma educação emancipatória, com foco na transformação da condição de exploração em que estão submetidos. Contudo, muitas das lutas da classe trabalhadora referente à educação, encontram-se submetidas ao modelo de competência, prevalecendo, portanto, a prioritária defesa da manutenção da condição individual de emprego.

Do lado mais privilegiado estão os empresários, onde desenvolve-se o projeto burguês hegemônico, marcado pela concepção de uma educação de massa, frágil, fragmentada e subsumida à necessidade do capital, com a pretensão de reproduzir a força de trabalho como mercadoria. Entretanto, contraditoriamente a tais interesses emerge a necessidade de uma maior e melhor qualificação profissional dos trabalhadores, devido à incorporação de sofisticada e dinâmica tecnologia, que requerem elevadas e sempre atualizadas competências técnicas e comportamentais dos trabalhadores.

Por sua vez o Estado, enquanto parte da superestrutura da sociedade capitalista, tem a responsabilidade de correspondência às demandas da força de produção e de suas relações. Tal condição é elucidada por Ramos (2006), ao analisar como é defendido o fortalecimento da noção de competência na ótica do capital:

> Na ótica do capital, o fortalecimento da noção de competência é defendido como ponto de convergência dos projetos dos empresários e dos trabalhadores em termos de educação profissional. Um terceiro sujeito social – o governo – é convocado a dar materialidade a essa convergência, impulsionando as políticas que integrem esses projetos (RAMOS, 2006, p. 75-76).

Mesmo com interesses bem definidos e antagônicos em seus propósitos últimos, todos os envolvidos na dinâmica da construção do sistema de competência – correspondente ao mercado de trabalho no modelo de acumulação flexível – encontram-se frente à necessidade de atribuir maior qualidade ao processo educativo, principalmente no que tange a sua expansão e eficácia. Todavia, os conflitos e as lutas características de uma sociedade de classe impedem que a interseção de necessidades se converta em consenso de interesses, sendo buscadas, por parte da classe dominante, alternativa repressiva e ideológica para a efetividade de reformas educativas que sustentem o modelo de acumulação flexível.

Torna-se importante que os produtos desse processo de ideologização sejam muito bem percebidos e identificados, de forma a impedir equívocos de interpretação das ações que têm como objetivo a manutenção da hegemonia capitalista. Que se utilizando da ressignificação de conceitos e concepções originárias de pressupostos de uma pedagogia voltada aos interesses socialistas, que se destinam ao rompimento de tal hegemonia, como esclarece Kuenzer (2002), confundem esta nova expressão da pedagogia capitalista com a pedagogia emancipatória, a qual conforme a autora apresenta as seguintes possibilidades e limitações:

> Produzida ao longa da história nos espaços das contradições, mas que só existe como possibilidade, a se objetivar em outro modo de produção, em que se estabeleçam as condições de igualdade, unitariedade e justiça social (KUENZER, 2002, p. 94).

Constata-se que as repercussões do modelo de acumulação flexível na educação são evidentes, uma vez que se tornaram essenciais para o pleno alcance dos seus resultados. Todavia, as particularidades de cada país, em âmbito histórico, político, econômico, social e até mesmo cultural irão orientar como se darão essas repercussões nas reformas educacionais.

Na pesquisa de Maria Ciavatta Franco (2013), *Formação profissional para o trabalho incerto: um estudo comparativo entre o Brasil, México e Itália,* é possível perceber claramente a influência da particularidade de cada país nos processos que foram e estão sendo vivenciados para a institucionalização do modelo de competência, considerando que:

> Do ponto de vista empresarial e das políticas governamentais, as soluções caminham no sentido de atender às exigências da preparação de mão de obra para os novos processos produtivos, a exemplo do México e do Brasil, e também como estratégica político-social de atenuar os efeitos perversos de desemprego com no caso da Itália, através das diretrizes do Fundo Social Europeu (FRANCO, 2013, p. 126).

A questão mais complexa revelada na pesquisa foi apontada pela ótica dos trabalhadores, sendo expressa em quatro características dos países dependentes dos países ricos (Brasil e México): a) a restrição dos recursos para atenuar os efeitos da reestruturação produtiva; b) níveis insuficientes de escolarização, repercutindo negativamente na leitura crítica e exigência do mercado de trabalho; c) difícil ação sindical, pelos arremedos de democracia, havendo em muitos casos cooptação do governo e; d) as organizações sindicais não têm claras as estratégias de formação mais adequadas para a emancipação do trabalhador e as formas de negociação envolvendo cooperação com as empresas, são motivo de controvérsia.

Quanto aos países ricos, representado na pesquisa pela Itália, o Estado do Bem-Estar Social aproximou as classes e diminuiu a desigualdade socioeconômica, propiciando regimes democráticos representativos. Aproximações entre trabalhadores e patrões, entre sindicatos e empresas geraram em tempos de afirmação do novo sistema de produção, alteração no papel dos sindicatos, passando a operarem através da "participação nas decisões" e não impondo condições de trabalho e salários e exercitarem sua influência modelando e controlando a infraestrutura que torna a inovação possível.

Independentemente do poder financeiro da nação, Franco (2013) alerta para o risco da ideia do interesse comum, empresa-trabalhador, sem passar por efetivas transformações das relações de trabalho, condições laborais e de vida, principalmente em países com relações de trabalho exploratório, como no Brasil e México, que ainda exige um sindicato de oposição, de força e até mesmo raivoso pela história de relações de trabalho opressivas. O que deve ser visto de forma absolutamente diferente em países como a Itália que já contabilizam muitas vitórias nos embates, que asseguraram os atuais índices de conforto e bem-estar. Essa nova concepção não deve ser interpretada como uma "entrega de pontos" e sim como o desenvolvimento de uma nova consciência também entre os empresários e sindicatos, frente às transformações das relações de trabalho e políticas de redistribuição de renda.

A partir de todas as informações apresentadas, acredita-se ter sido possível alcançar a compreensão da relevância do tema proposto, sendo identificadas sua origem, seu desenvolvimento, suas mediações e contradições, assim como seu poder de persuasão e a necessidade de uma visão crítica acerca de suas influências e consequências na educação.

Acredita-se, portanto, ter sido esclarecida a necessidade do aprofundamento da análise da influência do processo de reestruturação produtiva na educação no Brasil, considerando que a historicidade do país, os embates políticos, os problemas econômicos, as desigualdades sociais, a dimensão continental e a diversidade cultural geram cenários e variáveis específicos e particulares que impossibilitam uma simples aplicação de conclusões de estudos em âmbito mundial. E, por conseguinte, o próximo capítulo apresenta um resgate histórico da EPT no Brasil, tecendo um panorama sobre os caminhos e descaminhos da educação profissional e tecnológica brasileira em tempos de reestruturação produtiva, considerando sua contextualização, interesses e contradições.

CAPÍTULO II

CAMINHOS E DESCAMINHOS DA POLÍTICA DE EPT NO BRASIL, EM TEMPOS DE REESTRUTURAÇÃO PRODUTIVA

Neste capítulo analisa-se a direção das políticas educacionais implantadas no Brasil em tempos de reestruturação produtiva, com ênfase tanto nas iniciativas do Estado, como em suas repercussões e reações no seio da sociedade. Nessa perspectiva, apresenta-se um resgate histórico das políticas públicas implementadas a partir da segunda metade do século XX, considerando para tanto a periodicidade dos governos federais.

Tendo como base da estruturação desse resgate histórico as características identificadas nos peculiares governos instaurados, foram estabelecidos quatro períodos, a saber: a) período de autoritarismo e repressão (governo militar); b) fase de redemocratização, reabertura e modernização (governos José Sarney, Fernando Collor e Itamar Franco); c) período de reestruturação – privatização, descentralização e reforma educativa (governo Fernando Henrique Cardoso) e d) tempos de esperança de transformação X consolidação de políticas neoliberais (governos Lula da Silva e Dilma Rousseff). Em todos esses períodos foi constatada a presença do confronto dos imperativos econômicos, sociais e políticos com as lutas de resistência contra a hegemonia dos interesses capitalista, que configuraram os cenários e influenciaram as políticas públicas de educação, com ênfase àquelas relacionadas com a área trabalho-educação.

Para a construção desse referencial histórico, recorreu-se a obras de pesquisadores da história da educação e da educação profissional e tecnológica, assim como de estudiosos da área trabalho e educação e de outras áreas afins, resgatando informações significativas para a construção de uma análise crítica. No intuito de alcançar informações atuais, sem comprometer o rigor científico da obra, também foram consultadas revistas científicas, anais, dissertações e teses que se propunham a analisar as mais recentes políticas públicas, além da consulta direta às legislações, regulamentações, instrumentos de difusão e relatórios dos programas e projetos de cada governo.

No período de autoritarismo e repressão

Com o início do processo de integração da estrutura econômica nacional à estrutura econômica mundial, por meio da inserção das multinacionais na esfera produtiva, movimento que proporcionou a expansão do capitalismo dependente, no período de 1956 a 1960, segundo Tauile (2001), surgiram determinantes históricos e fatores internos ao quadro político brasileiro que dificultaram o desenvolvimento pleno de práticas "sadias" entre trabalho e capital industrial, propagado pelos resultados norte-americano do modelo de produção taylorista/fordista.

Tauile (2001) ainda elucida que nessa época a mudança da revolução cubana para uma revolução socialista ocasionou um acompanhamento atencioso do poder hegemônico capitalista norte-americano sobre a América Latina, no intuito que fosse coagida qualquer outra movimentação que pudesse tomar essa mesma direção.

Preocupações sobre a manutenção do controle, conduziram a maiores intervenções americanas no Brasil, considerando o apoio que muitos movimentos sociais da época recebiam do leste europeu. Essas medidas foram amplamente apoiadas pelas estruturas oligárquicas brasileiras, devido à ameaça da possível perda de sua estabilidade (podendo lê-se: regalias), caso estourasse uma revolução no país. O que levou, em 1964, a um processo repressivo, com a tomada do poder de Estado pelos militares, sob o auspício de retomar o equilíbrio econômico, político e social do país, justificado pelo fato de que parte da população estava influenciada por rumores socialistas, ocasionado um desequilíbrio prejudicial à Nação.

Quando ao modo de produção, os governos militares buscaram assegurar a consolidação o taylorismo/fordismo, porém, por motivos de ordem ideológica, sua instituição foi de forma avessa a alguns dos pressupostos do modelo fordista. Visto que, nesse modelo presumia-se que a alta produtividade reduz custos, aumentando a lucratividade das indústrias, que por sua vez repassados aos consumidores por meio de sua melhor remuneração, gera a elevação do consumo, resultando em lucros mais significativos, crescentes e com maior potencial de investimento. O fordismo à brasileira, analisado por Tauile (2001), foi um equívoco provocado pela miopia econômica, de fundo ideológico, dos dirigentes brasileiros da época, por entenderem que a valorização do trabalho assalariado não tem lugar no ciclo de acumulação, reforçado pelo fato de que:

> [...] os representantes dos trabalhadores na nova economia industrial que surgia, foram muito rapidamente percebidos, acima de tudo, como inimigos da classe das elites, no plano político, e não como parceiros de um processo de desenvolvimento sustentável (para utilizar uma terminologia atual) (TAUILE, 2001, p. 184).

O gerenciamento do trabalho, baseado no forte autoritarismo comum ao contexto político da época, era voltado para estabelecer a divisão do coletivo operário e controle sobre os trabalhadores. Caracterizado por Leite (2003, p. 68) pela extrema parcialização das tarefas, uso extensivo de força de trabalho não qualificada, altas taxas de rotatividade e adoção de complexas estruturas de cargos e salários. Contudo, com o apoio do modelo de substituição de importações pela produção nacional, o pais seguiu no propósito de reestruturar-se para o alcance da modernização e do desenvolvimento industrial.

Pautados no incremento do modelo taylorista/fordista, com os preceitos da Teoria do Capital Humano[6], os intelectuais orgânicos do governo subsidiaram um processo de reestruturação da política educacional do país, vinculando a escola às demandas de força de trabalho. Atribuindo à educação a responsabilidade de preparar os recursos humanos necessários para o desenvolvimento econômico, esclarece Cardozo (2009), reuniram-se organizações nacionais que realizaram estudos e fizeram formulações sobre as aspirações do mercado de trabalho brasileiro. Sendo instituídos acordos internacionais para estudos que viam a educação como interesse econômico e de segurança nacional. Relatórios orientado por essa ideologia influenciaram as diretrizes políticas e educacionais para o Brasil, expressas na Reforma Universitária de 1968 e a Reforma de Ensino de 1º e 2º graus de 1971.

Instituiu a profissionalização universal e compulsória para o ensino secundário, por meio da Lei nº 5.692/71, definindo que o ensino de 1º e 2º graus tinha por objetivo geral proporcionar ao educando a formação necessária ao desenvolvimento de suas potencialidades como elemento de autorrealização, qualificação para o trabalho e preparo para o exercício consciente da cidadania (BRASIL, 1971).

O ensino de 1º grau tinha a educação geral exclusiva nas séries iniciais e predominante nas séries finais, nas quais também era incorporada uma formação especial, voltada à sondagem vocacional e iniciação para o trabalho, permitindo acesso

---

6   Desenvolvida por Theodore W. Schultz, professor do departamento de economia da Universidade de Chicago, nos Estados Unidos, em meados dos anos 1950, a partir da formulação da disciplina Economia da Educação, que tinha como objetivo explicar os ganhos de produtividade gerados pelo "fator humano" na produção. Como conclusão obteve-se a concepção de que o trabalho humano, quando qualificado por meio da educação, era um dos mais importantes meios para a ampliação da produtividade econômica, e, portanto, das taxas de lucro do capital.

ao grau seguinte. No ensino de 2º grau, a predominância era a formação especial, destinada à habilitação profissional e ao prosseguimento de estudos em grau superior (BRASIL, 1971).

A Lei ainda destacou o ensino supletivo destinado a suprir a escolarização regular para os adolescentes e adultos que não tinham concluído na idade própria e, também, a proporcionar, mediante repetida volta à escola, estudos de aperfeiçoamento ou atualização para os que tinham seguido o ensino regular no todo ou em parte (BRASIL, 1971).

Numa análise crítica sobre os novos objetivos e a estrutura da educação primária e secundária estabelecidas, pode-se identificar claramente os interesses de ordem econômica e de controle social, resumidos por Araújo (2006) como:

> A orientação que marca toda essa reforma está alicerçada na concepção pragmática e tecnicista de que, antes de tudo, o ensino deve ser fundamentalmente integrado às necessidades econômicas e às exigências do mercado de trabalho. [...] O objetivo do manifesto desta legislação era instituir a terminalidade do ensino do 2º grau para aqueles que, devido à sua condição econômica, não teriam oportunidade de cursar a escola superior (ARAÚJO, 2006, p. 74-75).

No que tange à sondagem vocacional e iniciação para o trabalho, a maioria dos alunos de 1º grau sequer receberam uma amostra do ensino profissionalizante. Tal fato justificou-se, segundo Cunha (2005), pela inexistência de recursos materiais e humanos nas escolas correspondentes às novas concepções determinadas pela Lei, ficando os governos estaduais e municipais limitados à extensão da escolaridade obrigatória e ao núcleo comum do currículo. A iniciação profissional, visto que não garantia qualificação e tampouco exigia a emissão de certificação, não era oferecida, nem mesmo existindo efetivamente no currículo. O caráter opcional das determinações contidas na Lei, foi assumido de forma tão natural, que nem foi concebida como uma mudança na política educacional, desfavorecendo o impulso de interligação entre cultura geral e os trabalhos manuais.

A reforma do ensino de 2º grau, relembra Cardozo (2009), teve como maior fator de motivação a criação de resposta às reivindicações da classe média, que requeria uma reforma do ensino superior que garantisse principalmente o aumento de vagas. O que foi desconsiderado pelo governo, alegando limitação de recursos frente aos déficits prioritários nos ensinos primário e secundário, reforçado pela ideia de limitação de oportunidades ocupacionais para os egressos de cursos superiores, sendo mais propício o atendimento à demanda por profissionais técnicos, para atuarem no projeto de industrialização do país.

Estava então constituía a argumentação que sustentou o caráter de terminalidade e fim da frustração, associada à profissionalização universal e compulsória para o ensino secundário. Onde, como esclarece Cunha (2005), terminalidade proporcionava-se ao egresso do 2º grau um benefício imediato, por considerá-lo pronto para o ingresso no mercado de trabalho. E, o fim da frustração, dizia respeito à extinção da configuração anterior do ensino, que pela falta de habilitação ao término do 2º ciclo do ensino médio, exigia a continuidade de escolarização em curso superior.

Os administradores educacionais expressaram sua dificuldade em operacionalizar a nova proposta, por desconhecerem de forma objetiva a necessidade do mercado por profissionais de nível médio. Situação agravada pela disputa desigual das poucas oportunidades de colocação, entre os profissionais com nível superior e os profissionais provenientes do 2º grau técnico.

Outro imperativo que sustentou a profissionalização universal e compulsória como base da reforma do ensino de 2º grau, foi o prestígio das Escolas Técnicas Federais. Essa valorização, segundo Cunha (2005), ocorria tanto pela qualidade do ensino profissional ministrado nessas escolas, quanto pela função propedêutica que desempenhavam. Entretanto, a realidade objetiva da educação brasileira, com destaque para as condições das escolas públicas em geral, não estava sendo levada em consideração nessa proposição. O que levou as escolas públicas à busca de alternativas para o cumprimento da nova ordem educacional, tais como a oferta de cursos com infraestrutura mais simplificada; cobrança de taxas compulsórias para caixa escolar[7] e; convênios com escola da rede federal de ensino profissional para o oferecimento da parte específica do currículo.

Mesmo sob o autoritarismo da época e as práticas de repressão, houve manifestações políticas contrárias às ideias do governo. As medidas derivadas da implantação da profissionalização universal repercutiam negativamente sobre a reforma e fizeram emergir expressões contrárias por parte de alunos, profissionais da educação, dirigentes e outros setores sociais. Alunos que se sentiram prejudicados com a diminuição ou eliminação de disciplinas consideradas importantes para o bom desempenho no exame de vestibular e que também não aceitavam o pagamento pelo ensino de 2º grau profissionalizante, afirma Cunha (2005), manifestavam-se por meio de seu desinteresse pelos estudos, divulgação em jornais estudantis de charges que ironizavam sua situação e proferindo críticos discursos nas cerimônias de formatura.

Ainda segundo o autor, profissionais e dirigentes expressaram suas críticas em reuniões e eventos da área. Alguns pesquisadores e especialistas que mantinham vínculo com o Ministério da Educação elaboraram documentos com questionamentos, argumentos contrários e sugestões de melhoria sobre o tema. Dirigentes de instituições de ensino privadas, por meio de suas associações de classe e

---

[7] Associação civil de direito privado, com personalidade jurídica, sem fins lucrativos, que credencia a escola receber e administrar recursos financeiros destinados ao suprimento de suas atividades básicas, podendo ser criada por iniciativa da escola, da comunidade ou de ambas.

sindicatos passaram a fazer frequentes declarações de que o ensino profissional universal e compulsório levaria os colégios particulares a fecharem suas portas.

As determinações do ensino profissionalizante universal e compulsório, configuraram-se somente nos estabelecimentos públicos, ainda que sem as condições necessárias. Mantendo-se o ensino de 2º grau propedêutico nos estabelecimentos de iniciativa privada, que, como elucida Cardozo (2009), por meio de brechas na legislação conseguiram ainda correspondê-lo ao interesse de sua clientela, ou seja, direcionado ao processo seletivo para ingresso no ensino superior.

Com as tensões sobre os problemas econômicos e sociais gerados pelo modelo de desenvolvimento do país e com o recrudescimento da inflação, que passou a ameaçar o "milagre brasileiro" propagado pelo totalitarismo militar, os governos que vieram após 1974 passaram a incorporar as demandas de novos parceiros, tais como empresários, grupos sociais de classe média, igreja católica e intelectuais. Cunha (2005) elucida que o MEC não demorou a perceber que a política educacional referente ao ensino de 2º grau era uma fonte geradora de tensões, que precisava ser estancada.

A partir das pressões, ajustes e distorções de sua aplicação, as determinações da Lei nº 5692/71 desgastaram-se, sofrendo em curto espaço de tempo várias modificações, até receber em 1982 forte alteração com a Lei nº 7.044. Para Manfredi (2002) houve uma solução de continuidade, fundamentada nos Pareceres MEC nº 45/72 e nº 76/75, que distinguiu o ensino de formação geral (denominado de básico) do ensino de caráter profissionalizante (pela via das habilitações específicas e plenas) (BRASIL, 1982a).

Assim, a nova Lei a oferta de profissionalização compulsória tornou-se flexível e alternativa, permitindo a oferta concomitante do ensino médio propedêutico e do ensino técnico. Na perspectiva da manutenção da ambiguidade histórica, Manfredi (2002) cita o pensamento de Moraes:

A velha dualidade, que, na prática, não havia sido questionada, voltava, assim, a se manifestar, mas agora sem os constrangimentos legais. No entanto, deixou como legado sua contribuição para tornar ainda mais ambíguo e precário o ensino médio e para a desestruturação do ensino técnico oferecido pelas redes estaduais, desestruturação da qual só escapam as escolas técnicas federais, provavelmente em razão de relativa autonomia com que contavam, desde 1959 (MORAES apud MANFREDI, 2002, p. 107).

A política econômica do regime autoritário, direcionada ao consumo das elites e concentrando nela o foco de sua produção, não se preocupava com a evidência e o agravamento da diferença entre as classes sociais. Pelos altos preços de produção, os bens de consumo só eram alcançados pelos trabalhadores através do crédito direto, "privilégio" que se configurou como a maior fonte de endividamento da população. Viega (2007) interpreta a crise salarial e o empobrecimento cada vez maior da classe trabalhadora da época, de forma associada com a precarização da escola pública, ao expressar que:

> Outro fator importante do período foi a crise salarial vivenciada pela maioria da população e, em especial, pelos professores e funcionários de grande parte das escolas públicas de primeiro e segundo graus da rede municipal e principalmente estadual. [...] Em fins dos anos 70 e início dos 80, ocorreram greves em alguns estados, seguidas de fortes repressões. Dessa maneira, a crise se instalou no interior das escolas públicas: de um lado, havia falta de material, ausência de manutenção nas instalações, investimentos precários na formação dos professores e baixos salários; de outro, ampliação das taxas de evasão e repetência escolar (VEIGA, 2007, p. 316).

Estando num cenário de desestabilidade econômica e alto nível de repressão, Tauile (2001) relembra que o Governo Federal optou pelo adensamento da cadeia produtiva nacional, com investimentos nas indústrias de bens de capital (máquinas e equipamentos) e pela construção de grandes projetos de infraestrutura. O que requerendo uma mão de obra qualificada em massa, revitalizou em 1972 o Programa Intensivo de Preparação de Mão de Obra (Pipmo), instituído ainda no contexto do governo de João Goulart por meio do Decreto nº 53.324/1963, que se utilizava do método *Training Within Industry* – treinamento dentro da indústria – já conhecido por administradores da educação e desenvolvido mediante parcerias e convênio internacionais anteriores, voltados para o ensino profissionalizante (BRASIL, 1963).

A revitalização do Pipmo se deu pelo Decreto nº 70.882, de 27 de julho de 1972, tendo como objetivo promover habilitações profissionais a nível de 2º grau e a qualificação e treinamento de adolescentes e adultos em ocupações para os diversos setores econômicos, apresentando-se como uma medida transitória. Com recursos do Fundo Nacional de Desenvolvimento da Educação (FNDE) e vinculado e coordenado pelo Ministério da Educação (MEC), o Pipmo foi estruturado a partir de um grupo de trabalho, integrado por representantes do Ministério do Planejamento e Coordenação Geral, do Serviço Nacional de Aprendizagem Industrial (Senai) e do Serviço Nacional de Aprendizagem Comercial (Senac), afim de: a) propor o estabelecimento de uma divisão nítida de trabalho entre o Pipmo, Senai e Senac e; b) examinar a conveniência de criação de órgão federal, com poderes para exercer coordenação operacional dos programas existentes nesse setor (BRASIL, 1972).

Em 1974, a partir do Decreto nº 75.081, o Pipmo passa a ser vinculado ao Ministério do Trabalho e seus recursos originários do Fundo de Assistência ao Desempregado (FAD) (BRASIL, 1974). Com pressupostos bastante tecnicistas sobre o ensino profissional e centrados no modelo fordista/taylorista de produção, vários treinamentos foram promovidos mediante convênios com o Senai e Senac e com as escolas técnicas da rede federal. Os cursos eram caracterizados, segundo Cunha (2005), como mero adestramento imediato dos trabalhadores, realizado numa fração do tempo, abarcando um conteúdo muito reduzido. Inicialmente, foram utilizadas as séries metódicas do Senai, substituídas gradativamente por materiais didáticos produzidos pelos técnicos do programa, porém com as mesmas limitações da extrema especificidade de posto de trabalho.

Com o Pipmo foram treinados mais de dois milhões e meio de trabalhadores. A partir de 1975, sua produtividade aumentou consideravelmente, na análise de Cunha (2005), por direcionar suas ações para os projetos governamentais de grande porte, como exemplo do Polo Petroquímico do Rio Grande do Sul, da produção de petróleo na bacia de Campos, da construção civil de ministérios militares, da construção da hidrelétrica de Itaipu e dos Polos Agropecuários e Agrominerais da Amazônia.

Entretanto, a conclusão dos projetos e a crise econômica desaceleraram a execução do Programa até a sua extinção, ocorrido por meio do Decreto nº 87.795, de 11 de novembro de 1982, que dentre outros direcionamentos atribuía o acervo patrimonial e o quadro de servidores para o recém-criado Serviço Nacional de Aprendizagem Rural (Senar) (BRASIL, 1982b).

Outra medida significativa do governo militar no contexto da promoção do ensino profissionalizante, foi a Lei nº 6.297/1975, que concedia às pessoas jurídicas a dedução do lucro tributável para fins do imposto de renda, o equivalente ao dobro das despesas comprovadamente realizadas no período-base em projetos de formação profissional, desde que fossem previamente aprovados pelo Ministério do Trabalho. Podendo compor tais projeto de formação profissional, ações que objetivavam a preparação imediata para o trabalho de indivíduos, menores ou maiores, através da aprendizagem metódica, da qualificação profissional e do aperfeiçoamento e especialização técnica, em todos os níveis. Podendo também serem deduzidas despesas realizadas na construção ou instalação de centros de formação profissional, inclusive a aquisição de equipamentos, bem como as de custeio do ensino de 1º grau para fins de aprendizagem e de formação supletiva, do ensino de 2º grau e de nível superior (BRASIL, 1975).

Os setores financeiros e bancários foram os que mais se beneficiaram do incentivo fiscal, abrangendo cerca de 20% dos projetos aprovados pelo Ministério do Trabalho, sendo a participação dos outros setores, considerada incipiente. Na análise de Cunha (2005), mesmo dispondo de incentivo fiscal, faltava ao empresariado brasileiro incorporar plenamente os pressupostos da Teoria do Capital Humano, que fundamentava a política educacional daquele período, passando a incorporar em sua administração a relevância da educação no processo produtivo, bem como a compreensão de que as diferenças no mercado derivavam não somente dos investimentos em tecnologia e capital, mas também no investimento nos trabalhadores.

Pela ocasião da extinção do referido incentivo fiscal, feita pela Medida Provisória nº 161/1990, pode-se atestar o desinteresse das instituições supostamente beneficiadas, visto não ter sido registrada nenhuma manifestação contrária que reivindicasse sua permanência (BRASIL, 1990). Cunha (2005) atribui essa apatia pelas denúncias de que a isenção fiscal do Estado não correspondia, em muitos casos, ao efetivo emprego dos recursos em atividades de formação profissional, sendo desviados para o capital de giro ou aquisição de equipamentos exclusivamente ou predominantemente relacionada à produção.

Constata-se, enfim, que durante a ditadura militar as medidas educacionais que ressaltaram o caráter produtivo da escola, os programas de profissionalização implementados e os projetos de incentivo fiscal à formação de mão de obra, mantiveram relação estreita com os pressupostos do modelo de produção taylorista/fordista, acrescido de incrementos trazidos pela Teoria do Capital Humano. O que não alterou a realidade da população brasileira, que de acordo com os argumentos de Frigotto (1995), continuava convivendo com a dualidade, seletividade e exclusão da grande maioria dos setores populares. Sob a forte influência da desestabilidade econômica externa, oriunda da crise do capital e dos impactos da crise do petróleo, a política interna brasileira sofreu com altas taxas de juros internacionais. Conforme Tauile (2001), a crise multiplicava a dívida externa do país, desvalorizava sua moeda, acelerava a espiral inflacionária, pressionando os salários e agravando o sintoma de insuficiência de demanda.

Essa situação desgastou ainda mais o governo militar e provocou a reação dos movimentos sociais, que foram às ruas e exigiram a transição de uma política ditatorial militar para um governo civil. Crise reforçada pelas pressões do poder econômico nacional para a estabilização da moeda e redefinições de estratégias para o reequilíbrio da economia brasileira e retomada do crescimento do país. Nesse contexto de crises econômicas, contradições e lutas sociais, houve a transição do governo militar para o início de um novo período de governos civis, que trouxe novos paradigmas, abrindo caminho para significativas mudanças nas políticas educacionais.

Na fase de redemocratização, reabertura e modernização

O Brasil chega à década de 80 do século XX em meio a uma forte recessão, com altas taxas de juros internacionais, que causavam o crescimento vertiginoso da dívida externa. O retorno à democracia – ocorrida a passos lentos e frágeis quanto à efetiva mudança prometida – deu início a Nova República e com ela a gradual reabertura do país ao mercado internacional, movida por um tímido processo de reestruturação produtiva.

Sob a égide da modernização, o argumento de reabertura do Brasil ao mercado internacional se propagou como sinônimo de automação e tomou frente na política do país. Uma porção significativa das empresas aqui instaladas, em particular as de grande porte, era subsidiária de empresas estrangeiras, que vivenciavam a chegada de ares proveniente de experiências japonesas de gestão da produção. E, portanto, afirma Tauile (2001), compreendiam que o aumento de sua competitividade no mercado dependia de vários outros fatores além do simples aumento do grau de automação.

O processo de redemocratização e o ressurgimento dos movimentos sociais, operários e sindicais, esclarece Leite (2003), também fizeram pressão sobre as empresas para assumirem modelos menos autoritários de gestão de pessoal e formas indiretas de controle, assegurando a qualidade e produtividade.

> As pressões pelo aumento das exportações, provocadas, seja pela retração do mercado interno, seja pelas necessidades de incremento do superávit da balança comercial para o pagamento da dívida externa, modificam sensivelmente os patamares de competitividade das empresas, colocando-as diante de novos padrões de qualidade. Esse fato foi responsável ao mesmo tempo pela busca de inovações tecnológicas que visavam aumentar a eficiência das empresas e pela substituição das políticas repressivas de gestão do trabalho por formas menos conflituosas que permitissem às empresas contar com a colaboração dos trabalhadores na busca de qualidade e produtividade (LEITE, 2003, p. 69).

O alcance da modernização e competitividade do Brasil no mercado internacional necessitava romper com a problemática gerada por anos de excessiva proteção do mercado, que defasaram o parque de máquinas, sistema de gestão, estrutura econômica e a qualificação profissional da população, esta última agravada pela aversão à classe trabalhadora, oriunda da repressão preponderante do governo militar.

Com o legado de desestabilidade econômica e déficit social, o primeiro governo civil foi exercido pelo até então vice-presidente eleito José Sarney, devido a morte repentina do presidente eleito Tancredo Neves. O trabalho a ser desenvolvido tinha um complexo contexto econômico, social e político, questões emergenciais, com necessidades imediatas, dividiam espaço com questões estruturantes latente, que requeriam medidas com efeito de longo prazo, situação esclarecida por Fagnani (1997) como:

> De um lado, medidas de caráter emergencial visavam a objetivos de curto prazo, sobretudo quanto à fome, ao desemprego e à pobreza absoluta. De outro, medidas de caráter estrutural, com objetivos de maior prazo, davam prioridade ao crescimento econômico sustentado, com ampliação do emprego, aumento do salário real e melhor distribuição de renda e riqueza; a incorporação na agenda governamental de questões historicamente excluídas, como a reforma agrária, o seguro-desemprego e a revisão da legislação trabalhista e sindical; e a revisão da estratégia autoritária para as políticas sociais, a fim de promover a descentralização político-administrativa, ampliar os canais de participação e de controle social nos processos decisórios, redefinir o padrão regressivo de financiamento, universalizar o acesso e ampliar os seus impactos redistributivos (FAGNANI, 1997, p. 215).

Logo nos primeiros anos de governo, no afã de mobilizar a sociedade sobre o tema da educação, foi promovido pelo MEC um debate nacional sobre reforma educacional, com a participação do governo, de intelectuais, de representantes membros da iniciativa privada e da sociedade civil organizada. Foram diagnosticados problemas, longe de serem considerados novos, tampouco de solução simples e de curto prazo, motivo pelo qual se pode compreender que, em termos de mudança, quase nada resultou deste debate. Porém, foram dados os primeiros passos rumo à difusão da responsabilidade da promoção do direito à educação, até então atribuída ao Estado, para a sociedade como um todo.

Com a aprovação do Plano Nacional de Desenvolvimento da Nova República (PND) para o período de 1986 a 1989, instituído através da Lei nº 7.486/86, a educação foi descrita como prioridade do governo Sarney, que durante sua execução priorizou ações voltadas ao desenvolvimento da educação básica, em especial ao ensino de 1º. grau. No que se referia à educação profissional desenvolvida oficialmente no ensino de 2º grau, o PND limitou-se a fazer uma avaliação atestando sua seletividade, ressaltando que apenas 15,6% dos alunos originavam-se de família com renda mensal de até três salários mínimos, enquanto 65% vinham de famílias com mais de cinco salários mínimos de rendimento. Além disso, foi apresentado que cerca de 52% dos estudantes eram obrigados a frequentar cursos noturnos, geralmente de qualidade inferior, pela nela necessidade de trabalhar e estudar ao mesmo tempo. Tal fato, agravava-se pela insuficiente oferta pública nesse grau de ensino, visto que as matrículas em escolas privadas representavam 38,4% do total, proporção que em algumas regiões ultrapassava 50% (BRASIL, 1986). Sobre a estrutura curricular, o PND registrou que:

> Em termos gerais, no 2º grau observa-se impropriedade na formulação curricular e nos programas e métodos de ensino. Convivem hoje estruturas diversas, ora mantendo resquícios de enganosa profissionalização, ora enfatizando antigas funções. Não têm sido devidamente consideradas as características e necessidades dos alunos, em sua maioria já engajados no mercado de trabalho e que, portanto, demandam formas diversificadas e flexíveis de atendimento (BRASIL, 1986).

Como conclusão acerca da escola de 2º grau, o PND destacou que havia na maioria de sua oferta, omissão no desempenho da importante função que lhe cabia no processo de integração do adolescente numa sociedade culturalmente complexa e mutável, com algumas ressalvas encontradas nos padrões das escolas técnicas federais e em poucos estabelecimentos estaduais e particulares.

Dentre as iniciativas de qualificação profissional indicadas no PND, manteve-se a relação com a política da criação de empregos, ao definir como estratégia, dentre outras medidas, a intensificação das atividades de qualificação de mão de obra, além de assumi-la como responsabilidade do governo, enquanto protetor dos direitos trabalhistas e do aperfeiçoamento do mercado de trabalho.

Na pesquisa sobre o governo Sarney não foi encontrado registro de medidas de reversão do quadro traçado pelo PND quanto ao ensino de 2º grau, tão pouco efetivação de programas voltados à política de formação profissional. E assim, no que se refere à educação profissional, o primeiro governo civil instituído após a ditadura militar teve seu fim com os mesmos problemas inicialmente diagnosticados.

As movimentações políticas em torno da elaboração da nova Constituição do país, redirecionaram a atenção da sociedade brasileira para a construção de uma nova Lei Magna que trouxesse a esperança de eliminar os últimos entraves do sistema repressivo militar e garantir a liberdade civil e política no país. Os ares de redemocratização dos anos 80 do século XX, proporcionaram a coalizão e institucionalização de vários movimentos sociais, destacando-se, no segmento de educação, o Fórum Nacional de Defesa da Escola Pública. Conforme Gohn (2011), esses movimentos sociais contribuíram como demandas e pressões organizadas, para a conquista de vários direitos sociais, que inclusive foram inscritos na Constituição de 1988, visto que:

> Nos anos 1980, a relação educação e movimentos sociais se acentua, por meio de trabalhos de educação popular, lutas pelas Diretas Já, organização de propostas para a constituinte e a Constituição propriamente dita.

Os movimentos passaram a pautar uma nova agenda de demandas, e uma nova cultura política também é construída, alterando as políticas públicas vigentes. Conselhos e delegacias das mulheres, temas étnico-raciais, ambientais etc. passaram a fazer parte do cotidiano na transição do regime militar para a fase da redemocratização. Paulatinamente, foram sendo construídas redes de movimentos sociais temáticos (GOHN, 2011, p. 347).

Para a educação, a promulgação da Constituição Federal, em 5 de outubro de 1988, tornou-se um marco no processo de discussão e elaboração de uma nova Lei de Diretrizes e Bases da Educação (LDB) e do Plano Nacional de Educação (PNE), os quais tiveram sua efetivação somente após oito e treze anos respectivamente.

A reunião de avaliação das reformas econômicas empreendidas nos países da América Latina, realizada em 1989, estabeleceu através do Consenso de Washington[8] orientações para a região, abrangendo as áreas: disciplina fiscal; priorização dos gastos públicos; reforma tributária; liberalização financeira; regime cambial; liberalização comercial; investimento direto estrangeiro; privatização; desregulação e; propriedade intelectual. No Brasil, tais orientações somadas ao desejo da sociedade brasileira por novos rumos econômicos, deram o tom das eleições de 1989. A proposta de um governo liderado pelos trabalhadores foi combatida fortemente durante toda a campanha e sumariamente sucumbida pelo discurso calcado na ideia de modernidade, que elegeu Fernando Collor de Mello para presidir o Brasil a partir de 1990.

---

8 Conjunto de medidas composta de dez regras básicas, que foram formuladas por economistas de instituições financeiras de Washington D.C. (FMI, Banco Mundial e Departamento do Tesouro dos EUA), tiveram como fundamentação as ideias do economista John Williamson do *International Institute for Economy*. Tornou-se a política oficial do Fundo Monetário Internacional em 1990, sendo recomendado para o ajustamento macroeconômico dos países em desenvolvimento que passavam por dificuldades.

Com Collor é que se produziria a adesão do Brasil aos postulados neoliberais recém-consolidados no Consenso de Washington. Comprometido na campanha e no discurso de posse com uma plataforma essencialmente neoliberal e de alinhamento aos Estados Unidos, o ex-presidente se disporia a negociar bilateralmente com aquele país uma revisão, a fundo, da legislação brasileira tanto sobre informática quanto sobre propriedade industrial, enviando subsequentemente ao Congresso projeto de lei que encampava as principais reivindicações americanas. Com base em recomendações do Banco Mundial, procederia a uma profunda liberalização do regime de importações, dando execução por atos administrativos a um programa de abertura unilateral do mercado brasileiro (BATISTA, 1994, p. 27).

No primeiro ano do novo governo foi anunciada a Política Industrial e de Comércio Exterior (PICE) que na análise de Daros (1997) pautava-se principalmente na abertura da economia sob a hipótese de que ela causaria o acirramento da competição no mercado interno, a modernização tecnológica e a reestruturação da indústria. Para diminuir as críticas provocadas pela abertura econômica, a qualidade e produtividade foram consideradas como os novos mecanismos da política industrial para promover a reestruturação.

O despreparo do Brasil, proveniente do período de extrema proteção do mercado e do agigantamento do Estado – com ineficiência ou inoperância em várias áreas – além da baixa escolaridade e desqualificação profissional da população, fizeram com que as estratégias de abertura de mercado e privatizações tivessem como consequência o desaparecimento de muitas empresas nacionais. Avalia Tauile (2001) que muitas delas foram absorvidas por concorrentes internacionais, que trouxeram em suas bagagens modelos de gestão orientais, com conceitos e práticas da qualidade total, reengenharia, competência, dentre outros correspondentes ao novo modelo capitalista de acumulação flexível.

No intuito de apoiar o esforço brasileiro de modernidade através da promoção da qualidade e produtividade, com vistas a aumentar a competitividade de bens e serviços produzidos no país, o governo Collor lançou ainda em 1990, o Programa Brasileiro de Qualidade e Produtividade (PBQP), com o objetivo de estabelecer um conjunto ordenado de ações indutoras da modernização industrial e tecnológica, contribuinte da retomada de desenvolvimento econômico e social.

Essas primeiras medidas de abertura de mercado desencadearam, afirma Leite (2003), um processo de reestruturação produtiva do mercado brasileiro, baseado na modernização sistêmica, que consistiu num forte processo de divisão de trabalho entre empresas, formalização de sistema de qualidade e flexibilidade para atender as frequentes mudanças de demanda, além da abertura para negociação das condições em que o trabalho era prestado. Processo subordinado à resistência do empresariado nacional, que optou pelas tentativas de alijar os sindicatos do processo de inovação e das negociações sobre as condições de introdução das mudanças nas relações trabalhistas.

Na política educacional, Frigotto e Ciavatta (2003) destacam a ocorrência de uma disputa entre o ajuste dos sistemas educacionais às demandas da nova ordem do capital e a efetiva democratização do acesso ao conhecimento em todos os seus níveis. Registrou-se nos anos de 1990 a presença dos organismos internacionais em termos organizacionais e pedagógicos, marcada por grandes eventos, assessorias técnicas e farta produção documental, com destaque para Conferência Mundial sobre Educação para Todos, realizada em Jomtien, na Tailândia, em março de 1990. O Brasil, enquanto signatário das determinações oriunda da conferência, foi instigado a desenvolver ações para impulsionar as políticas educacionais ao longo da década, não apenas envolvendo a escola, mas também a família, a comunidade e os meios de comunicação, com monitoramento de um fórum consultivo coordenado pela Organização das Nações Unidas para a Educação, a Ciência e a Cultura (Unesco). Pressupostos e orientações que serviram de referências aos programas propostos pelo governo, tais como: o Programa Nacional de Alfabetização e Cidadania (Pnac), em1990, o Programa setorial de ação do governo Collor na área de educação (1991-1995) e o documento Brasil: um projeto de reconstrução nacional (1991). Destacando que o primeiro foi voltado para a mobilização da sociedade em prol da alfabetização de crianças, jovens e adultos por meio de comissões envolvendo órgãos governamentais e não governamentais, com o objetivo de reduzir em 70% o número de analfabetos no país nos 5 anos seguintes. Esses e outros programas, segundo Yanaguita (2011), refletiam a tendência de:

> [...] compartilhar responsabilidades iguais entre governo, sociedade e iniciativas privadas, reforçando a ideia de que essa articulação com o setor empresarial traria benefícios à nação brasileira, logrando, certamente, êxito na infraestrutura econômica tecnológica e educacional. As propostas das empresas e dos organismos internacionais foram elaboradas e inseridas com o presidente Collor, mas foram apreciadas apenas no governo subsequente (YANAGUITA, 2011, p. 4).

Durante o governo Collor, não houve efetivação de ações governamentais particularmente à educação profissional, entretanto, todas as medidas de ordem econômica e social instituídas repercutiram diretamente sobre a dinâmica da educação como um todo. Principalmente no que tange às considerações sobre o tema educação, descritas nos documentos de referência dos programas, que a definiram como elemento necessário à reestruturação competitiva da economia e, portanto, devendo adequar-se à demanda da população e às necessidades econômicas do país. Por conseguinte, esses subsídios abriram frentes de estudos e discussões acerca da incorporação de preceitos do modelo de competência na proposta educacional a ser implementada no país.

Em meio à implantação de radicais e impopulares planos econômicos e com uma postura heterodoxa e isolada quanto ao apoio parlamentar, foram feitas denúncias de corrupção direcionadas ao então presidente e sua equipe, que os incriminaram e levaram a sua deposição, por via de um processo de *impeachment*, previsto na Constituição, mas ainda inédito no Brasil. O movimento social Ética na Política teve grande importância nesse processo e também contribuiu para o ressurgimento do movimento estudantil, com novo perfil de atuação, os chamados "caras-pintadas". Por consequência, em menos de três anos de mandato houve a mudança da presidência para o vice-presidente Itamar Franco.

No governo Itamar, as bases deixadas pela Conferência Mundial sobre Educação para Todos de 1990, convocada pela Unesco, Fundo das Nações Unidas para a Infância (Unicef), Programa das Nações Unidas para o Desenvolvimento (Pnud) e Banco Mundial, serviram de subsídio para a elaboração das diretrizes governamentais na área educacional, expressas no documento Plano Decenal de Educação para Todos *(*1993-2003).

No texto introdutório do Plano foi declarada sua limitação, declarando não se tratar de um Plano Nacional de Educação, como estava previsto na Constituição. Especificamente, referia-se ao campo da educação básica para todos, considerada a prioridade mais importante do momento, correspondendo ao dispositivo constitucional que determina "eliminar o analfabetismo e universalizar o ensino fundamental" nos dez anos seguintes (BRASIL.MEC, 1993). No que tange à educação profissional, as diretrizes propostas e descritas de forma explícita no Plano, mantinha relação com os ditames do mercado de trabalho e destacava-se pela estratégia de ampliação dos meios e o alcance da educação básica, ao referir-se à educação continuada a jovens e adultos subescolarizados (BRASIL.MEC, 1993).

Embora o referido plano se propusesse a ser produto do esforço integrado das três esferas de governo no enfrentamento dos problemas da educação, conforme esclarece Saviani (2014), ele praticamente não saiu do papel, limitando-se a orientar algumas ações na esfera federal. Efetivamente, o mencionado Plano foi formulado mais para atender às condições internacionais de obtenção de financiamento para a educação, em especial aqueles ligados ao Banco Mundial. No que se refere às orientações dos órgãos internacionais, o maior legado do Plano Decenal de Educação para Todos (1993-2003), foi suas características, passando a servir de modelo para a configuração dos planos, projetos e programas futuros.

A característica mais marcante desse plano, segundo Yanaguita (2011), foi a descentralização, incorporada como uma nova forma de gestão educacional, através de um gerenciamento eficaz, com vista ao aumento da produtividade e competitividade pelas instituições escolares, concedendo-lhe em tese autonomia financeira, administrativa e pedagógica.

A partir de então a gestão dos recursos financeiros passou a exigir maior eficiência e equidade em sua aplicação, eliminando o desperdício e a superposição de ações, demandando atuação integrada e definindo estratégias voltadas para a revisão de critérios de transferência de recursos intergovernamentais e implantação de mecanismos legais e institucionais que assegurassem agilidade e eficiência nos financiamentos compartilhados (intergovernamentais e entre fontes governamentais e não governamentais) e equidade em sua distribuição e programação.

Outra ação do governo Itamar referente à educação, considerada também como indicativo da reforma educacional promovida pelo governo que o sucedeu, foi a dissolução do Conselho Federal de Educação (CFE), segundo Cunha (1997), alvo de denúncias comprovadas de envolvimento de alguns dos membros em esquema de corrupção, em que eram beneficiadas instituições privadas de ensino. Seguiu-se a essa medida a formação do Conselho Nacional de Educação (CNE), com menos atribuições e membros indicados (50% dos lugares) por entidades da sociedade civil, relacionadas com o ensino básico e com o ensino superior.

No que se refere especificamente à educação profissional e tecnológica, a medida mais relevante fora a instituição do Sistema Nacional de Educação Tecnológica, a partir da Lei 8.948/94, que também alterou a configuração das Escolas Técnicas Federais para Centros Federais de Educação Tecnológica, no intuito de elevar seu *status* para instituição de ensino superior (BRASIL, 1994). Porém, como afirma Cunha (2005), essa lei simplesmente "não pegou", sendo atropelada pela reforma política educacional promovida pelo governo seguinte, tendo sido aproveitadas muitas de suas indicações.

Na tarefa de concluir o segundo mandado da Nova República e manter o compromisso de estabilizar a moeda, afim de "plugar" a economia brasileira no sistema internacional, conforme Tauile (2001), o governo Itamar logrou êxito, com a tentativa até então menos efêmera de sucesso, o Plano Real. De posse desse forte argumento de campanha, mais uma vez a proposta do Partido dos Trabalhadores (PT) para o Governo Federal foi sucumbida, saindo vitoriosa a proposta do então Ministro da Fazenda, Fernando Henrique Cardoso (FHC), que assumiu o mandado seguinte de Presidente da República.

Na reestruturação – privatização, descentralização e reformas educacionais

Os primeiros indícios da tão almejada estabilidade econômica brasileira trouxeram ao governo a credibilidade popular e também o apoio das oligarquias e do mercado internacional. Nesse cenário, foi propícia a retomada da implantação de medidas que correspondiam às orientações dos acordos internacionais dos quais o Brasil era signatário. Destacaram-se práticas políticas tradicionais para realização das reformas de cunho neoliberal, especialmente, analisa Tauile (2001), para executar um profundo projeto de privatização de empresas públicas brasileiras, em extensão não prevista até mesmo por muitos dos mais otimistas conservadores brasileiros.

O Plano Diretor da Reforma do Aparelho de Estado (PDRAE) congregou as diretrizes e os objetivos da reforma da administração pública, centrados, de acordo com estudo de Cardozo (2009): no controle da inflação; na descentralização do Estado; no estímulo à privatização de atividades econômicas competitivas sustentáveis em regime de mercado; na transferência de funções do poder central para entes e processos administrativos (desburocratização) e; na ampliação dos mecanismos de participação popular na atividade administrativa e de controle social da administração pública. E ainda, buscava a melhoria da atuação burocrática; separação entre atividade de regulação e de execução, bem como a modernização fiscal.

Num contexto de rigorosa preponderância dos interesses econômicos, cunhados numa política neoliberal, e com a crença de sua influência sobre todas as demandas brasileiras, iniciou-se também uma reforma no âmbito educacional, que corroborando com as origens das demais reformas do Estado, se estabeleceu sob a influência dos organismos internacionais.

Destacou-se, ainda em 1990, a publicação *Transformação Produtiva com Equidade*, da Comissão Econômica para América Latina e Caribe (Cepal), segundo Frigotto e Ciavatta (2003) a intensão era enfatizar a urgência de implementação de mudanças educacionais em termos de conhecimentos e habilidades específicas, demandadas pela reestruturação produtiva. Em 1992, a Cepal fez nova publicação, intitulada *Educação e conhecimento: pilares básicos da transformação produtiva com equidade*, vinculando educação, conhecimento e desenvolvimento, que corroborava com os mesmos objetivos do documento de 1990.

Completando o quadro de documentos orientadores da reforma educacional, a Unesco e o Banco Mundial convocam a Comissão Internacional sobre Educação para o Século XXI, composta de especialistas e coordenada pelo francês Jacques Delors, que produziu o *Relatório Delors*, que trazia um diagnóstico do contexto planetário de interdependência e globalização e definia o horizonte, os princípios e as orientações para a educação. Apropriando-se dos ditames internacionais e no intuito de adequar a educação brasileira aos documentos orientadores, o governo FHC definiu as diretrizes do Planejamento Político-Estratégico da Educação (1995-1998), direcionado para: o ensino fundamental; a valorização da escola e de sua autonomia, bem como de sua responsabilidade perante o aluno, a comunidade e a sociedade; a articulação de políticas e de esforços entre as três esferas da Federação, de modo a obter resultados mais eficazes e utilização de recursos políticos e financeiros para garantir a equidade e a eficiência do sistema e; a implantação de um canal de televisão via satélite, voltado para o atendimento à escola, ensejando novas formas de gestão escolar e parcerias com os governos estaduais. Ainda no mesmo documento, Yanaguita (2011) elucida que o governo estabeleceu como medidas consideradas necessárias à inovação:

> Alterações nos dispositivos da Constituição Federal de 1988 (CF/88), considerados obstáculos para uma gestão democrática do sistema educacional (EC nº 14/96, Lei 9.424/96 – criação e regulamentação do Fundo de Manutenção e Desenvolvimento do Ensino Fundamental e de Valorização do Magistério - FUNDEF); sanção de outra Lei de Diretrizes e Bases (LDB) da educação nacional que possibilitasse às instituições a criação de novos cursos, programas e modalidades (LDB promulgada setembro de 1996); estabelecimento de um Conselho Nacional de Educação menos burocrático; mudanças nas regulamentações de modo a garantir maior autonomia à escola; e ênfase na avaliação de resultados como forma de controle mais eficiente (SAEB, ENEM, ENC – Provão - e CAPES) (YANAGUITA, 2011, p. 6).

A súmula de todas as novas diretrizes de gestão apresentadas pelo governo FHC foi analisada por Cabral Neto e Almeida (2000) como o afastamento do Estado de suas obrigações sociais, associado a novas formas de controle dos gastos públicos, não pressupondo a participação da sociedade na elaboração e execução das políticas públicas, a eficácia e eficiência dos serviços oferecidos e tampouco se configurando como uma estratégia para a consolidação da gestão democrática.

Regida sob esses pressupostos a LDB nº 9394 foi promulgada em 20 de dezembro de 1996, entretanto, sua elaboração não se eximiu de um amplo processo de debate e disputas político-ideológicas. Manfredi (2002) ressalta que vários projetos de reestruturação do ensino médio profissional foram objeto de debate e enfrentamento durante a primeira metade dos anos 90 do século passado. No âmbito federal, destacaram-se projetos distintos quanto à educação profissional e tecnológica, provenientes: do Ministério do Trabalho e Emprego (MTE); do MEC; da sociedade civil organizada e das instituições representativas dos empresários.

O projeto do MTE era sustentado pela proposta de qualificação/requalificação de trabalhadores jovens e adultos e sua formação continuada e, ainda, a negação da dicotomia entre educação básica e educação profissional e tecnológica. Também, relacionava a EPT com um plano nacional de desenvolvimento econômico e tecnológico e outras políticas de emprego, trabalho e renda. A proposta baseava-se na descentralização das atividades e conjunção dos recursos públicos, privados e externos. E, por fim, previa a criação de novas agências de educação – os Centros Públicos de Educação Profissional.

Por sua vez, o projeto do MEC tinha como base a criação de um sistema nacional de educação tecnológica que englobaria todas as escolas técnicas do setor público federal, estadual e municipal e as instituições particulares de ensino do

Sistema S[9]. Manfredi (2002) esclarece que tal projeto serviu de orientação para a reforma do ensino médio e técnico, que foi posteriormente promovida pela Secretaria de Educação Média e Tecnológica (Semtec).

O projeto da sociedade civil, formulado por entidades profissionais de educação e outros setores organizados articulados no Fórum de Defesa pela Escola Pública, esclarece Manfredi (2002), foi apresentado ao Governo Federal, propondo a criação da escola básica unitária, sustentada na construção de um sistema de educação nacional integrado que propiciasse a unificação entre trabalho, ciência, tecnologia e cultura.

Os empresários industriais apresentaram um projeto posicionando-se em favor do aumento da escolaridade básica, da melhoria qualitativa da escola pública e da reformulação e ampliação do sistema de ensino profissional, contudo, não questionaram sua natureza dual. Para Manfredi (2002), suas concepções aproximaram-se do sistema de educação tecnológica do MEC, resguardando a autonomia do Sistema S e mantendo a reserva de domínio da educação desenvolvida no âmbito das empresas, renovando e ampliando os convênios com as entidades por eles gerenciadas.

Constata-se que o início da reforma da EPT se deu desde os primeiros debates sobre a LDB 9.394/96, tendo seu desdobramento nas regulamentações que a seguiram. Assim, a LDB trouxe à educação profissional e tecnológica referências contidas na Seção IV-A, onde o ensino médio,

---

9   Termo referente ao conjunto de entidades corporativas voltadas para o treinamento profissional, assistência social, consultoria, pesquisa e assistência técnica, identificadas como Serviços, com origem e características organizacionais similares. Sua principal fonte de recurso é proveniente de contribuições compulsórias das empresas, com base em alíquotas preestabelecidas. Fazem parte do sistema S: Serviço Nacional de Aprendizagem Industrial (Senai); Serviço Social do Comércio (Sesc); Serviço Social da Indústria (Sesi); e Serviço Nacional de Aprendizagem do Comércio (Senac). Existem ainda os seguintes: Serviço Nacional de Aprendizagem Rural (Senar); Serviço Nacional de Aprendizagem do Cooperativismo (Sescoop); e Serviço Social de Transporte (Sest).

atendida a formação geral do educando, pode preparar para o exercício de profissões técnicas, de forma articulada ou a ele subsequente, em cursos destinados a quem já tenha concluído o ensino médio, podendo a primeira ser integrada ou concomitante (BRASIL, 1996).

Outro destaque gerado pelo conteúdo dessa seção, foi a possibilidade de obtenção de certificados de qualificação para o trabalho após a conclusão, com aproveitamento, de cada etapa, desde que caracterize uma qualificação para o trabalho, quando o currículo estiver estruturado e organizado em etapas com terminalidade (BRASIL, 1996). Com essas determinações reestruturou-se o Ensino Médio e extinguiu-se o então 2º grau profissionalizante, que já vivia à míngua no desenvolvimento das atividades escolares.

Sem precedente na legislação brasileira, no que se refere à essa categoria de educação, foi destinado exclusivamente à educação profissional e tecnológica o Capítulo III da LDB, determinando sua integração a estrutura educacional brasileira, organizando-a em eixos tecnológicos e possibilitando a construção de itinerários formativos. Estando definida a oferta como: formação inicial e continuada ou qualificação profissional (FIC); educação profissional técnica de nível médio; educação profissional tecnológica de graduação e pós-graduação. Foi expandida para além do ensino regular, abrangendo instituições especializadas e o ambiente de trabalho. Sinalizou para a elaboração de diretrizes curriculares nacionais e para o reconhecimento e certificação de estudo e experiência. E, por fim, estendeu as orientações para cursos especiais, abertos à comunidade, sendo a matrícula condicionada à capacidade de aproveitamento e não necessariamente ao nível de escolaridade (BRASIL, 1996).

Tais determinações foram regulamentadas pelo Decreto Federal nº 2.208 de 1997, Resolução CNE/CEB nº 04/99 e o Parecer CNE/CEB nº 16/99, que juntos traçaram as Diretrizes Curriculares Nacionais para os Cursos Técnicos de Nível

Médio. Sendo definitivamente promovida a ruptura entre o Ensino Médio e a escolarização de ensino profissionalizante. A educação profissional passa a ter apenas uma articulação com o ensino regular e ser composta por modalidades de educação continuada, possíveis de serem desenvolvidas em escolas do ensino regular, em instituições especializadas ou nos ambientes de trabalho.

A educação profissional passou a ser dividida em três os níveis: *Básico* – qualificação e reprofissionalização de trabalhadores, independente de escolaridade prévia; *Técnico* – destinado a proporcionar habilitação profissional a alunos matriculados ou egressos do ensino médio, devendo ter organização curricular própria e independente do ensino médio e podendo ser oferecida de forma concomitante ou sequencial a este; e o *Tecnológico* - correspondente a cursos de nível superior na área tecnológica, destinados a egressos do ensino médio e técnico (BRASIL, 1997; BRASIL.MEC.CNE, 1999a; BRASIL.MEC. CNE, 1999b).

Todas essas medidas geraram muitos embates, principalmente pelo direcionamento para a dualidade entre o ensino médio (propedêutico) e a educação profissional, que na avaliação de Manfredi (2002), cria sistemas e redes distintas, contrapondo-se à perspectiva de uma especialização profissional, como etapa que ocorreria após a conclusão de uma escola básica unitária.

A reforma da educação profissional e tecnológica demonstrou a intencionalidade do Governo Federal em responder à política neoliberal, deflagrada nas orientações dos organismos internacionais. Carnoy (2002) esclarece que os direcionamentos para os setores da educação e da formação, a partir das reviravoltas da economia mundial, desencadearam três tipos de reformas: reformas fundadas na competitividade, reformas fundadas nos imperativos financeiros e reformas fundadas na equidade, as quais foram percebe-se ressonância nas medidas instauradas pelo Governo FHC.

As *reformas fundadas na competitividade* destacaram orientações para a descentralização, padrões educativos, gestão racionalizada dos recursos destinados à educação e aprimoramento da seleção e formação dos professores. As *reformas fundadas nos imperativos financeiros* definiram que o financiamento público da educação fosse transferido do nível superior para o nível inferior, a privatização do ensino secundário e superior, bem como a redução do custo por aluno, em todos os níveis de ensino. As *reformas fundadas na equidade* atingiram as categorias mais desfavorecidas da população, oferecendo principalmente aos numerosos jovens e adultos que não tiveram acesso a uma educação básica, a possibilidade de se beneficiarem de um ensino de melhor qualidade. Como alvo estavam certos grupos, tais como as mulheres e a população rural, que acumulavam um atraso no plano educativo. Orientava ações, sobretudo, para os alunos de risco (mais desfavorecidos, do ponto de vista econômico) ou apresentando necessidades especiais no âmbito do sistema educacional, privilegiando medidas suscetíveis de aprimorar a taxa de sucesso escolar.

Carnoy (2002) reitera que a mundialização levou os governos a desviarem sua atenção das reformas fundadas na equidade, por duas razões:

> Em primeiro lugar, ela aumenta a rentabilidade relativa dos altos níveis de qualificação, limitando a complementaridade entre as reformas orientadas para a competitividade e aquelas orientadas para a equidade. Em segundo lugar, na maior parte dos países em desenvolvimento e em numerosos países desenvolvidos, as reformas educativas são, no novo ambiente econômico mundializado, essencialmente fundadas em imperativos financeiros e têm tendência a reforçar a desigualdade diante dos serviços prestados pelo sistema educacional (CARNOY, 2002, p. 67).

É possível compreender as bases da reforma da educação profissional e tecnológica, no que se refere à associação com a perspectiva de redução de custos, a partir da análise de Manfredi (2002) sobre a separação das redes de ensino, que permitiu por um lado que a democratização do acesso fosse feita mediante um ensino regular de natureza generalista, o qual é bem menos oneroso aos cofres públicos do que um ensino médio de caráter profissionalizante. E, por outro, o aumento das possibilidades de parcerias com a iniciativa privada, para a manutenção e a ampliação da rede de educação profissionalizante.

Nesse sentido, muitas críticas foram sustentadas, sendo corroboradas pelas frustradas expectativas daqueles que almejavam uma legislação promissora à educação profissional integrada ao ensino médio, pelo que Frigotto e Ciavatta (2003) fizeram as seguintes considerações:

> O fato de a regulamentação da educação profissional formulada a partir da LDB (Lei n. 9.394/96), especialmente com o Decreto n. 2.208/97 e as Diretrizes Curriculares Nacionais para o ensino técnico e o ensino médio ter sido contestada pelas forças progressistas da sociedade brasileira e assimilada pelos segmentos conservadores, sempre de forma contraditória, não levaria a esperar que a política de democratização e de melhoria da qualidade da educação profissional se instituísse a partir da implementação dessas regulamentações. Ao contrário, de 1996 a 2003, lutou-se por sua revogação, apontando-se para a necessidade da construção de novas regulamentações, mais coerentes com a utopia de transformação da realidade da classe trabalhadora brasileira (FRIGOTTO; CIAVATTA, 2003, p. 1088).

Dando continuidade ao processo de reforma da EPT, foi instituído o Programa de Expansão da Educação Profissional (Proep) para o período de 1997-2003. Esse programa foi oriundo do documento Política para a Educação Profissional, elaborado em conjunto pelo MEC e MTE, que visava a atuação cooperativa na formulação de políticas e implantação de programas e projetos destinados à operacionalização da política de educação profissional e tecnológica. No mesmo sentido, houve a criação do Conselho Deliberativo do Fundo de Amparo ao Trabalhador (Codefat), concordando com sua participação na composição da contrapartida da operação de crédito externo com o Banco Interamericano de Desenvolvimento (BID).

O Proep tratava do financiamento de US$ 250 milhões, aos quais se somou a contrapartida nacional de mesmo valor, sendo 50% originária do orçamento do MEC e os outros 50% do Fundo de Amparo ao Trabalhador (FAT). Destinado a apoiar a implantação da reforma da educação profissional e tecnológica que, especificamente, tinha por objetivo criar um sistema eficaz de educação para o trabalho, separado do ensino médio e da educação superior, que habilitasse jovens e adultos para o mundo do trabalho, mediante cursos pós-médios não universitários, cursos livres de nível básico, e outros com o fim de obter no Brasil uma força de trabalho melhor qualificada.

Com a gestão da Semtec, os recursos do Proep foram destinados basicamente para incrementar o atendimento da EPT de nível básico e técnico, por meio de financiamento de projetos escolares que tivessem a intenção de expandir e melhorar a qualidade desses níveis. De acordo com Manfredi (2002), contemplando expansão e melhoria de infraestrutura (instalações, equipamentos), capacitação de técnicos e docentes, adequação e atualização de currículos.

O Programa era constituído a partir dos subprogramas: a) transformação das instituições federais de educação tecnológica; b) reordenamento dos sistemas estaduais de educação profissional e; c) expansão do segmento comunitário. Esse programa foi considerado por muitos estudiosos do tema como uma estratégia de consolidação das premissas que o Brasil vinha se submetendo em seu processo de internacionalização. Sabbi (2012) analisa que:

A separação do ensino médio entre a formação geral e a profissionalizante, imposta pelos organismos multilaterais de financiamento, com a concordância de um governo de orientação neoliberal em uma época de hegemonia desse ideário, resultou no desmonte de uma proposta de educação integradora do conhecimento com o trabalho. A dualidade resultante dessa reforma estava explícita tanto nos documentos do Proep como nos documentos do BM e do BID, demonstrando que aquele representou um dos instrumentos de implantação das ideias educacionais destes (SABBI, 2012, p. 14).

A inserção da economia brasileira no mercado internacional, efetivada no governo FHC, e suas consequências nas políticas públicas do país, não deram a resposta esperada aos problemas de falta de emprego, muito pelo contrário, foi mais visível o aumento da precarização do trabalho. Cunha (2005) relembra que nesse período o parque industrial passou a reduzir expressivamente a força de trabalho, tanto pela súbita abertura do mercado interno e a entrada de produtos importados, como também pela incorporação de novas tecnologias, que reduziram a quantidade de trabalhadores envolvidos no processo. Além disso, as privatizações permitiram aos novos proprietários desenvolverem formas selvagens de racionalização no uso dos recursos humanos. Tal análise também é corroborada por Tauile (2001) ao clarificar que à época:

> O trabalho no Brasil continua não tendo valorização nem de perto equivalente àquela gerada nos circuitos de acumulação de capital em que o país está inscrito, mesmo que esses circuitos sejam modelados e "modernizados". Na verdade, as evidências são de que, da maneira como tem ocorrido, a participação da economia brasileira no processo de globalização acarreta, isto sim, e uma vez mais, uma desvalorização acentuada do trabalho social no Brasil (TAUILE, 2001, p. 236).

As políticas públicas de educação profissional e tecnológica, conforme destaca Sousa e Pereira (2006), passaram a responder por duas demandas distintas: a) os efeitos dos processos de globalização da economia, da reestruturação produtiva e da reforma do Estado sobre o mercado de trabalho – redução da perspectiva de emprego e elevação dos requisitos exigidos para contratação e permanência dos trabalhadores; b) os dilemas históricos do país no campo da EPT – sobretudo aquele que trata da baixa escolaridade da população.

Para dar forma a esse duplo objetivo, a reforma da educação que se desenvolve no país nos anos de 1990 busca retratar essas mudanças, efetivando um deslocamento conceitual da noção de qualificação profissional, que associa o saber ao diploma, à carreira e ao salário, para o de competência, que tem como substrato a ideia de flexibilidade (SOUSA; PEREIRA, 2006, p. 86).

Emergiu à época a necessidade de um programa de governo voltado para a oferta de qualificação profissional (alcançada sob as premissas do modelo de competência). Entretanto, com propósito diferente daquele desenvolvido no Regime Militar, através do Pipmo (tratado no primeiro tópico desse capítulo), que tinha como foco principal o emprego no setor industrial, que recebia investimentos públicos para o seu desenvolvimento. A nova demanda se configurava em uma lógica diferente – programas com foco na condição de empregabilidade, que priorizassem a qualificação técnica para um grande número de pessoas, no menor espaço de tempo e ao custo mais baixo possível.

Havia uma nova conjuntura e as medidas educativas precisavam ser delineadas pelas políticas econômicas, que mantinha íntima articulação com a ideia de empregabilidade. Sousa e Pereira (2006) caracterizam a empregabilidade como a capacidade individual de movimentar-se em um contexto marcado pela retração do investimento produtivo, com normas de contrato flexíveis, configurações heterogêneas de ocupação e constante prenúncio de desemprego. Nela a responsabilidade pela inserção profissional é transferida de uma perspectiva social para uma perspectiva individual, transferência considerada por Frigotto (1995), como que uma revalorização ética individualista, estabelecida com o consentimento por parte dos envolvidos.

No mesmo sentido, a prerrogativa neoliberal de Estado Mínimo permitiu a promoção de serviços à sociedade a partir de instituições não estatais, na qualidade de prestadores de serviços, assumindo o governo uma função reguladora. Isso levou à consolidação de um sistema paralelo e privado, responsável pela qualificação profissional, o qual mesmo sendo mantido pelos cofres públicos, ainda era menos oneroso, considerando os investimentos e manutenção de uma política pública efetiva de educação profissional e tecnológica totalmente assumida pelo Estado. Contudo, acima da rentabilidade financeira, havia a problemática gerada pelos interesses particulares e a deficiência de compromisso social dessas instituições privadas.

Sob todas essas prerrogativas implantou-se em 1995 o Planfor, apresentando como objetivo, construir gradativamente a oferta de EPT permanente, com foco na demanda do mercado de trabalho. Articulado à capacidade e competência existente, o plano teve como meta qualificar ou requalificar a cada ano, pelo menos 20% da População Economicamente Ativa (PEA), maior de 14 anos de idade. Assumindo a responsabilidade de contribuir para o aumento da probabilidade de obtenção de trabalho e de geração ou elevação de renda, reduzindo os níveis de desemprego e subemprego; aumentar a probabilidade de permanência no mercado de trabalho, reduzindo os riscos de demissão e as taxas de rotatividade; elevar a produtividade, a competitividade e renda.

O Plano foi vinculado ao MTE, financiado pelo FAT e administrado pelo Codefat, órgão tripartite e paritário. A execução era descentralizada e definida pelos Planos Estaduais de Qualificação (PEQs), elaborados e coordenados pelas Secretarias Estaduais de Trabalho, a partir das demandas apresentadas por órgãos públicos, prefeituras e entidades da sociedade civil – os demandantes. Os PEQs eram validados pelas Comissões Estaduais de Trabalho, órgão composto por representantes do governo, empresários e trabalhadores.

O desenvolvimento dos planos era feito por instituições executoras, compostas de instituições públicas da rede de ensino profissional, instituições privadas, sindicatos e Organizações Não Governamentais (ONGs), que participavam de processo licitatório, a partir da apresentação de propostas técnicas e financeiras, avaliadas pelos órgãos competentes das Secretarias Estaduais. Cabia ainda às Secretarias de Estado, fiscalizarem e avaliarem a execução dos cursos, podendo, para tanto, contratar instituições especializadas, desde que elas não tivessem fins lucrativos.

O Planfor foi considerado, afirma Cunha (2005), um dos programas mais avaliados de todo o Governo Federal, seja por órgãos internos (como o Instituto de Pesquisa Econômica Aplicada - Ipea), seja por entidades externas ao governo (Fundação Interuniversitária de Estudos e Pesquisas sobre o Trabalho – Unitrabalho – e o Fórum Permanente das Relações Universidade-Empresa – Uniemp) ou, ainda, por meio de pesquisas acadêmicas.

Destaca-se a participação das confederações, federações e sindicatos dos trabalhadores nas comissões triparte e paritária do Codefat e nas Comissões Estaduais e Municipais de Trabalho. O que Leite (2003) afirma corresponder ao fenômeno da reestruturação produtiva, que amplia a agenda de negociações entre trabalhadores, empregadores e Estado, amenizando o conflito grevista e acentuando o papel da negociação nas relações entre capital e trabalho.

De acordo com pesquisa de Cunha (2005) às pessoas atendidas pelo Planfor, constituíram-se de desempregados, trabalhadores do mercado formal e informal, micro e pequenos empresários, micro e pequenos produtores do mercado urbano e rural, jovens à procura de emprego, jovens em situação de risco social, mulheres chefes de família e portadores de deficiência.

Durante os dois mandatos de FHC foram aplicados cerca de 1 bilhão de reais, atingindo diretamente 5,7 milhões de pessoas. O que correspondeu somente a 38% da meta do programa, que consistia em oferecer qualificação profissional a 20% da população economicamente ativa. Conforme Cunha (2005), na época a PEA brasileira era da ordem de 71 milhões de pessoas, ocupadas e desocupadas, tanto no mercado formal quanto no informal, o que indicava a perspectiva de oferta de EPT para 15 milhões de pessoas anualmente.

Prosseguindo com a reforma da educação brasileira é aprovado o PNE 2001-2010, que teve tramitação *sui generis*, envolvendo o embate entre dois projetos: o PNE da sociedade brasileira e a proposta de PNE encaminhada pelo executivo federal, que expressavam concepções e prioridades educacionais distintas, sobretudo na abrangência das políticas, em seu financiamento e gestão. Resultado assim analisado por Dourado (2010):

> A aprovação do atual PNE foi resultado, portanto, da hegemonia governamental no Congresso Nacional, que buscou traduzir a lógica das políticas governamentais em curso. O Governo FHC, por meio do Ministério da Educação, efetivou políticas e lógicas de gestão, visando implementar amplo processo de reforma da educação nacional, cujas prioridades se constituíram, hegemonicamente, pela adoção de políticas focalizadas, com forte ênfase no ensino fundamental, e pela efetivação de vários instrumentos e dispositivos, visando à construção de um sistema de avaliação da educação (DOURADO, 2010, p. 683).

No que se referia à educação profissional e tecnológica, o PNE 2001-2010, instituído pela Lei nº 10.172, de 9 de janeiro de 2001, apresentou diagnóstico da falta de informação precisa sobre a oferta de formação para o trabalho, devido à heterogeneidade tanto no que se referia aos órgãos e instituições promotoras, quanto aos tipos e conteúdo dos cursos, o que foi por um lado considerado positivo, visto corresponder à diversidade da demanda. Considerou-se também a limitação do atendimento, frente à demanda de qualificação e requalificação profissional existente na população economicamente ativa. E, ainda, que a onerosa qualidade da rede federal, tem como consequência a restrição do número de vagas, sendo realizados sistemas de seleção que privilegiava alunos de maior renda e consequentemente com maior nível de escolaridade. Com exceção da rede pública federal de educação profissional e tecnológica e algumas experiências estaduais e municipais, destacou-se que prepondera a precariedade na oferta de educação profissional pública (BRASIL, 2001).

O Plano trouxe uma proposta de superação do caráter dual que a realidade da EPT brasileira imprimiu ao longo de sua história, citando como preceito a melhoria do nível de escolaridade e colocando-a como essencial para inserção competitiva do Brasil no mundo globalizado. Para tanto, previu como metas: a) criar em dois anos um sistema integrado de informações que oriente a política educacional; b) revisar permanentemente o currículo dos cursos sob a ótica da política de desenvolvimento nacional e regional e da oferta do mercado de trabalho; c) triplicar a cada cinco anos a oferta de cursos básicos; d) oferecer cursos básicos aos não concluintes do ensino fundamental; e) triplicar a cada cinco anos a oferta de cursos técnicos; f) triplicar a cada cinco anos a oferta de educação profissional permanente para requalificação da população economicamente ativa; g) regulamentar dentro de um ano a formação docente para educação profissional; h) criar programas de formação de formadores para essa modalidade;

i) transformar unidades da rede de educação técnica federal em centros públicos de educação profissional, criando até o final da década centros de referência para toda a rede de educação profissional, notadamente em matéria de formação de formadores e desenvolvimento metodológico; j) estabelecer parcerias entre os sistemas federal, estaduais e municipais e a iniciativa privada; k) produzir programas de Educação a Distância (EAD), por meio do regime de colaboração entre os sistemas; l) reorganizar as escolas agrotécnicas; m) estabelecer junto às escolas agrotécnicas e Ministério da Agricultura cursos básicos para agricultores; n) estimular o uso permanente das estruturas públicas e privadas; o) observar as metas estabelecidas nos demais capítulos do Plano que se referem à educação tecnologia e formação profissional (BRASIL, 2001).

O PNE 2001-2010 corroborou com a prerrogativa de subordinação aos imperativos do projeto de desenvolvimento neoliberal assumido pelo Brasil, assim como as determinações de um mercado de trabalho configurado pelo modelo de acumulação flexível imposto pelo processo de reestruturação produtiva. O Plano também ratificou os documentos internacionais determinantes da reforma educacional, que definiam o deslocamento das responsabilidades estatais, entendidas como de segunda ordem, para a iniciativa privada através do regime de colaboração. Além de corresponder à prerrogativa da economicidade do atendimento à demanda de EPT do país, por meio da alternativa de aplicação da educação a distância.

Enfim, a reforma educacional brasileira estava posta, mesmo havendo manifestações contrárias às determinações que vigoraram, principalmente por parte daqueles que vinham participando da construção coletiva de suas propostas, por muitas vezes rechaçadas ou ainda pormenorizadas em pequenos fragmentos mantidos nos documentos oficiais, a título de registro da participação popular. Nesse sentido, na análise de Frigotto e Civatta (2003), a "era Cardoso" foi um retrocesso tanto organizativo, como em termos pedagógicos, haja vista que:

A atual LDB resultou do desprezo do Executivo ao longo processo de elaboração da Lei (de 1988 a 1996) pelo Fórum Nacional em Defesa da Escola Pública. O Conselho Nacional de Educação teve sua composição alterada para lhe retirar as prerrogativas de deliberação e submetê-lo às decisões do MEC. O Plano Nacional de Educação da sociedade brasileira, à semelhança da LDB, foi preterido pelo expediente questionável do Executivo não respeitar sua precedência na entrada no Congresso. O ensino fundamental sofreu as imposições dos PCNs e da "promoção automática" que, aplicada a todas as séries, elevou as estatísticas oficiais, mas não os níveis de conhecimento dos alunos (o que veio a ser demonstrado pelas últimas avaliações levadas adiante pelo SAEB). A reforma do ensino médio e técnico foi imposta pelo Decreto nº 2.208/97 e pela Portaria nº 646 de 1997 à revelia da resistência de muitas escolas ao conjunto de medidas que alteraram profundamente suas instituições. Os PCNs também foram construídos pelo alto, por uma comissão de especialistas que ignoraram décadas de debates dos pesquisadores e educadores da área. Sequer se levaram em conta as Diretrizes Curriculares elaboradas pelo Conselho Nacional de Educação (FRIGOTTO; CIAVATTA, 2003, p. 122).

Assim, conclui-se a análise desse período, identificando-o como aquele referente à efetividade da reforma do Estado sob as premissas da reestruturação produtiva, impressas nos documentos internacionais multilaterais e bilaterais, que o Brasil foi e continua sendo signatário. Reformas muitas vezes aplicadas de forma imperativa pelo Governo Federal, o que despertou o anseio da maior parte da sociedade por um governo mais participativo, proposta oferecida pelo PT, que finalmente logrou êxito na eleição de 2001, dando fôlego às perspectivas transformação.

Em tempos de esperança de transformação X consolidação das políticas neoliberais

O primeiro mandato de Luiz Inácio Lula da Silva iniciou-se sob a esperança da população e a desconfiança dos analistas e críticos político-econômicos nacionais e internacionais. Porém, diferente da expectativa de ambos os grupos, a política econômica herdada do governo anterior foi recebida e fielmente seguida. Na concepção de Fagnani (2011), até 2005, manteve-se um ambiente econômico recessivo, que continuou colocando limites ao desenvolvimento social, considerando que:

> A disputa entre "focalização" e "universalização" continuou a dominar o debate, o que reforçava as apreensões sobre os rumos da estratégia social, que permanecia indefinida. O fato novo foi o pronto acolhimento de pontos da agenda liberalizante no campo social por segmentos do núcleo dirigente do governo, com destaque para o Ministério da Fazenda, que defendia claramente a opção pelo "Estado Mínimo" (FAGNANI, 2011, p. 48).

No campo da EPT, manteve-se também representações do cenário de tensão entre as propostas de cunho social e os compromissos firmados pelo Estado com organismos nacionais e internacionais. Frigotto et al. (2005), destaca o tratamento a ser dado à EPT, apresentado pelas declarações favoráveis à sua integração com o ensino médio, anunciadas pelo MEC no início do governo, por meio do documento *Subsídios para o processo de discussão da proposta de anteprojeto de lei da educação profissional e tecnológica*. O qual posteriormente tornou extremamente contraditória, as medidas do Governo Federal quanto da incipiente revogação do Decreto nº 2.208/97 e da conhecida implementação de programas focais e contingenciais.

Ressalta-se ainda que o MEC também registrou no documento supracitado a intenção de reconstruir a EPT como política pública e corrigir distorções de conceitos e de práticas decorrentes de medidas adotadas pelos governos anteriores, que dissociaram a educação profissional e tecnológica da educação básica e aligeiraram a formação técnica em módulos desarticulados e estanques, dando um cunho de treinamento superficial à formação profissional e tecnológica de jovens e adultos trabalhadores.

A revogação do Decreto nº 2.208/1997 por meio do Decreto nº 5.154/2004 foi considera a mais relevante iniciativa desse governo, no que diz respeito à política de educação profissional e tecnológica. Nesse instrumento foi deliberado que a EPT seria desenvolvida por meio de cursos e programas de: a) formação inicial e continuada; b) educação profissional técnica de nível médio e; c) e educação profissional tecnológica em nível de graduação e pós-graduação (art. 1º). E ainda, fazendo referência à LDB 9394/96, estabeleceu-se que a educação profissional técnica seria articulada com o ensino médio e observaria as Diretrizes Curriculares Nacionais, as normas complementares do sistema de ensino correspondente, da instituição de ensino e de seu projeto pedagógico (BRASIL, 2004). Prescreveu-se essa articulação como:

> § 1º A articulação entre a educação profissional técnica de nível médio e o ensino médio dar-se-á de forma:
> I - integrada, oferecida somente a quem já tenha concluído o ensino fundamental, sendo o curso planejado de modo a conduzir o aluno à habilitação profissional técnica de nível médio, na mesma instituição de ensino, contando com matrícula única para cada aluno;
> II - concomitante, oferecida somente a quem já tenha concluído o ensino fundamental ou esteja cursando o ensino médio, na qual a complementaridade entre a educação profissional técnica de nível médio e o ensino médio

pressupõe a existência de matrículas distintas para cada curso, podendo ocorrer:
a) na mesma instituição de ensino, aproveitando-se as oportunidades educacionais disponíveis;
b) em instituições de ensino distintas, aproveitando-se as oportunidades educacionais disponíveis; ou
c) em instituições de ensino distintas, mediante convênios de intercomplementaridade, visando o planejamento e o desenvolvimento de projetos pedagógicos unificados;
III - subseqüente, oferecida somente a quem já tenha concluído o ensino médio (BRASIL, 2004).

Contudo, esse Decreto foi promotor de poucos avanços, visto as propostas organizadas pela sociedade em defesa do ensino médio unitário e politécnico. Na análise de Frigotto et al. (2005), a expectativa era que fosse admitida a profissionalização, mas integrasse em si os princípios da ciência, do trabalho e da cultura, promovendo um fortalecimento das forças progressistas na luta por uma transformação mais estrutural da educação brasileira.

Dois movimentos promovidos pelo MEC amenizaram o esperado impacto da implantação do novo Decreto. A atribuição da política do ensino médio para a Secretaria de Educação Básica, separando-a da política de educação profissional e tecnológica. Logo depois, o repasse ao CNE da atribuição de elaborar diretrizes curriculares sob a orientação do novo Decreto.

Em tempo recorde foram emitidos o Parecer nº 39/2004 e a Resolução nº 01/2005 pela Câmara de Educação Básica (CEB), sendo prontamente homologadas pelo MEC. Esses instrumentos normativos, contraditoriamente, foram desenvolvidos em termos mais adequados às concepções que orientaram a reforma realizada no governo anterior por meio do Decreto nº 2.208/97. Pelo que concluiu Frigotto et al. (2005):

> O relator, de forma inteligente e competente, por conhecer bem o pensamento do governo passado e dos

empresários, acomodou o Decreto nº 5.154/2004 aos interesses conservadores, anulando o potencial que está em sua origem. Sob as Diretrizes Curriculares Nacionais vigentes e um parecer que sedimenta a separação, as perspectivas de mudanças substanciais de ordem conceptual, ética, política e pedagógica, que poderiam ser impulsionadas pelo governo, ficam cada vez mais afastadas (FRIGOTTO et al., 2005, p. 1094-1095).

Estando a integração entre o ensino médio e educação profissional reduzida no Decreto nº 5.154/2004 a uma das opções de articulação, não foi difícil para o governo manter a postura de omissão e o uso de terceirização, frente à manutenção das demais alternativas de articulação: concomitante e subsequente. Para Kuenzer (2006), ampliou-se o leque de alternativas com o ensino médio integrado sem que nenhuma das possibilidades anteriores, que favoreceram ações privadas de formação precária com recursos públicos, fosse revogada. Sendo assim, o ensino médio integrado, como oferta pública de EPT de qualidade, acabou por restringir-se a projetos pilotos, mantidos por alguns poucos estados (Espírito Santo, Paraná e Santa Catarina), com recursos próprios.

> Longe de reafirmar a primazia da oferta pública, viabilizando-a por meio de políticas públicas, representou uma acomodação conservadora que atendeu a todos os interesses em jogo: do governo, que cumpriu um dos compromissos de campanha com a revogação do Decreto n. 2.208/97; das instituições públicas, que passaram a vender cursos para o próprio governo, e gostaram de fazê-lo, renunciando em parte à sua função; e das instituições privadas, que passaram a preencher, com vantagens, o vácuo criado pela extinção das ofertas públicas (KUENZER, 2006, p. 900).

A política de EPT traçada pelo governo do PT enfatizou o individualismo e a formação por competências voltadas para a empregabilidade, reforçando ainda mais o viés adequacionista da educação aos princípios neoliberais. Neste particular, Frigotto et al. (2005) considera que ainda se manteve um dos fetiches ou uma das vulgatas, insistentemente afirmada nos oito anos de Governo FHC: O Brasil não havia falta de empregos, mas sim de "trabalhadores empregáveis".

Com a negociação junto ao Banco Mundial para continuidade de antigos programas, como o Proep, e a publicação da Lei 11.195 em 2005, o Governo Federal lançou a primeira fase do Plano de Expansão da Rede Federal de Educação Profissional e Tecnológica, com a construção de 64 novas unidades de ensino.

Por outro lado, os nove vetos apostos pelo Presidente da República que aprovou o PNE 2001-2010, Fernando Henrique Cardoso, os quais incidiam no seu financiamento, acabaram por comprometer a efetivação de suas metas. Em sua análise Saviani (2007) questionou a possibilidade de atingir as metas propostas no Plano Nacional de Educação, sem assegurar os recursos necessários. Assim, todo o primeiro mandato do Presidente Lula se deu sem que o PNE 2001-2010 viesse à tona.

Pelo contrário, foi instituído o Plano de Metas Compromisso Todos pela Educação, através do Decreto nº 6.094, de 24 de abril de 2007. Por meio do qual foi estabelecido o regime de colaboração entre os municípios, Distrito Federal e estados, além da participação das famílias e da comunidade, no desenvolvimento de programas e ações de assistência técnica e financeira, visando a mobilização social pela melhoria da qualidade da educação básica (BRASIL, 2007a).

Implantou-se também em 2007 o Plano de Desenvolvimento da Educação (PDE), associado ao Programa de Aceleração do Crescimento (PAC). Considerado pelo governo como um processo de ajustamento à redução e focalização do cumprimento das metas do PNE 2001-2010. Contudo, Saviani (2007) atestou a distinção entre os planos, afirmando que o PDE:

Não constitui um plano, em sentido próprio. Ele se define, antes, como um conjunto de ações que, teoricamente, se constituiriam em estratégias para a realização dos objetivos e metas previstos no PNE. Com efeito, o PDE dá como pressupostos o diagnóstico e o enunciado das diretrizes, concentrando-se na proposta de mecanismos que visam à realização progressiva de metas educacionais. Tive, porém, que introduzir o advérbio "teoricamente" porque, de fato, o PDE não se define como uma estratégia para o cumprimento das metas do PNE. Ele não parte do diagnóstico, das diretrizes e dos objetivos e metas constitutivos do PNE, mas se compõe de ações que não se articulam organicamente com este (SAVIANI, 2007, p. 1239).

Vale ainda atentar para a análise feita por Araújo (2007) sobre o PDE, onde destaca os três fios condutores: a regulamentação, o financiamento e a desvalorização. Considerando-os característicos da continuidade do ideário pedagógico implementado nos anos FHC, que se baseava nos parâmetros e diretrizes curriculares e nos processos de avaliação, que estão centrados numa concepção produtivista e empresarial das competências e da competitividade.

Dando prosseguimento ao desenvolvimento do PDE, por meio do Decreto nº 6.095, de 24 de abril de 2007, foram instituídas as diretrizes para o processo de integração de instituições federais de educação tecnológica, para fins de constituição dos Institutos Federais de Educação, Ciência e Tecnologia (IFET), no âmbito da Rede Federal de Educação Tecnológica, expandindo assim a sua abrangência, a fim de configurá-la conforme as prerrogativas traças nos planos do governo (BRASIL, 2007b).

Com esse Decreto, o MEC recebeu a incumbência de estimular o processo de reorganização das instituições federais de EPT, a fim de que atuassem de forma integrada regionalmente. Essa reorganização teve como referência o modelo de IFET, com natureza jurídica de autarquia e autonomia administrativa, patrimonial, didático-pedagógica e disciplinar, respeitadas as vinculações nele previstas (BRASIL, 2007b).

Manteve-se em todo o governo Lula a estratégia de ações pontuais, sendo criados diversos programas federais relacionados à EPT, vide Quadro 1, justificadas pela necessidade de democratização do direito educacional e desenvolvimento do país. O volume de programas criados e desenvolvidos simultaneamente durante o governo Lula foram alvos de observações e críticas, quanto ao repasse de recursos públicos ao setor privado e à sobreposição de ações para o mesmo público.

Quadro 1: Programas do governo Lula, referentes à EPT

PROGRAMA	DESCRIÇÃO
Programa Nacional de Educação na Reforma Agrária (Pronera)	Política do Ministério do Desenvolvimento Agrário, realizado a partir da mobilização dos trabalhadores do campo, em articulação com universidade
Programa Nacional de Integração da Educação Profissional à Educação Básica, na Modalidade de Educação de Jovens e Adultos (Proeja),	Orientação do sistema federal aos sistemas estaduais para a oferta da EPT integrada ao ensino médio na modalidade educação de jovens e adultos
Programa Nacional de Inclusão de Jovens: Educação, Qualificação e Ação Comunitária (Projovem)	Orientação do sistema federal aos sistemas municipais para a oferta da EPT articulada às séries finais do ensino fundamental
Programa Brasil Profissionalizado	Assistência técnica e financeira às ações de desenvolvimento e estruturação do ensino médio integrado à EPT, mediante seleção e aprovação de propostas, formalizadas pela celebração de convênio ou execução direta, aos estados, o Distrito Federal e os municípios que tenham aderido formalmente ao Plano de Metas Compromisso Todos pela Educação
Programa Escola de Fábrica	Programa de inclusão social, voltado para beneficiar estudantes excluídos do mercado de trabalho, e que pretende estimular empresas privadas a praticarem a responsabilidade social
Programa Nacional de Estímulo ao Primeiro Emprego (PNPE),	Gerenciado pelo Ministério do Trabalho e Emprego e efetivado através das ações dos Consórcios Sociais da Juventude, Empreendedorismo Juvenil e Soldado Cidadão

Fonte: Descrições contidas nos documentos legais de cada programa.

Especificamente sobre o PNPE, Kuenzer (2006) declara que a profusão de programas abriu muitos outros canais de repasse de recursos para o setor privado. Situação agravada pela criação de programas praticamente idênticos, mas sob a coordenação política de diferentes ministérios e/ou da Secretaria-Geral da Presidência da República, como é o caso dos Consórcios Sociais da Juventude e do Juventude Cidadã.

Também foram desenvolvidas outras ações de promoção da EPT realizadas pelo MTE, consideradas relevantes por seu volume e abrangência, como o Programa de Aprendizagem Profissional e o PNQ. A Aprendizagem Profissional prevista na Consolidação das Leis Trabalhista (CLT), alterada pela Lei nº. 10.097/2000 e regulamentada pelo Decreto nº. 5.598/2005, estabeleceu que todas as empresas de médio e grande porte são obrigadas a contratarem jovens, na condição de aprendizes, que permutam suas atividades com a qualificação profissional (BRASIL, 2000; BRASIL, 2005). Com a implantação do PNPE, o Ministério do Trabalho e Emprego intensificou ainda mais a fiscalização sobre o cumprimento dessa obrigatoriedade pelas empresas, dando maior volume e visibilidade ao Programa.

O PNQ, traçado na mesma estrutura do Planfor do governo FHC, trouxe como inovação a presença, em seus documentos norteadores, de aspectos relacionados à inclusão social e redução das desigualdades sociais; crescimento por meio da geração de trabalho, emprego e renda, ambientalmente sustentável e redução das desigualdades regionais e; promoção e expansão da cidadania e fortalecimento da democracia. Além de ter sido estendida a duração dos cursos, sendo exigida em média 200 horas, e incluído na proposta curricular dos cursos, conteúdos relacionados à cidadania, organização e gestão do trabalho e saúde e segurança. Entretanto, segundo observação de Kuenzer (2006), emergiram algumas resistências:

A análise do PNQ evidencia avanço conceitual significativo com relação ao PLANFOR, no que diz respeito às categorias relativas às relações entre trabalho e educação, a partir da ótica dos trabalhadores. O que a prática tem mostrado, contudo, na opinião de gestores públicos e membros do Conselho Estadual do Trabalho (Paraná) entrevistados, é a dificuldade de efetivação dessas políticas a partir de vários fatores, com destaque para a perda de interesse das agências formadoras, que não consideram atrativo o investimento para cursos mais extensos e que integrem conhecimentos básicos, o que não tem feito parte de sua experiência; e para o desinteresse do público-alvo que busca alternativas que viabilizem inclusão a curto prazo, com o que é difícil integralizar turmas. Embora não se tenha dados exaustivos, os casos analisados evidenciam a dificuldade de usar os recursos disponíveis, embora reduzidos, os quais acabam por vezes não sendo investidos na sua totalidade (KUENZER, 2006, p. 890).

Nessa mesma perspectiva, as mais relevantes inovações propostas pelo PNQ: a) articulação com a educação básica, por meio de convênios com as secretarias estaduais de educação para elevação da escolaridade dos beneficiários e b) intermediação da inserção ou recolocação dos egressos no mercado de trabalho, tiveram sua efetivação considerada inviável pelos órgãos executores e, portanto, sem execução significativa devido aos entraves burocráticos e à limitação de recursos financeiros.

Outra significativa medida relacionada à EPT foi efetivada pela a partir do Decreto nº 5.773/2006, dando início ao processo de sistematização e organização da oferta de cursos, que originou a expedição do Catálogo Nacional de Cursos Superiores de Tecnologia e o Catálogo Nacional de Cursos Técnicos. Com a publicação desses documentos, o MEC assumiu o desafio de mantê-los atualizados, por meio um processo coletivo, o que confere legitimidade e confiabilidade ao resultado disponibilizado à sociedade brasileira.

No intuito de expandir a oferta de EPT foi firmado entre o Governo Federal e algumas entidades que compõem o Sistema S, o Senai, o Senac, o Serviço Social da Indústria (Sesi) e o Serviço Social do Comércio (Sesc). Sendo legitimado pelos Decretos nº 6633/2008 e nº 6.635/2008, o acordo alterou e acresceu dispositivos aos regimentos dessas instituições, estabelecendo um programa de comprometimento de gratuidade, que definia a aplicação de dois terços das receitas líquidas do Senai e Senac na oferta de vagas gratuitas de cursos de formação, para estudantes de baixa renda ou trabalhadores – empregados ou desempregados. Também sendo definida a carga horária mínima de 160 horas para os cursos de formação inicial. Quanto ao Sesi e Sesc, firmou-se o compromisso de destinarem um terço de seus recursos à educação (BRASIL, 2008a; BRASIL, 2008b).

Mesmo servindo para que o Sistema S abrisse acesso gratuito as suas programações regulares de cursos para a população menos favorecida, destacaram-se críticas sobre o referido acordo. A mais relevante dessas críticas sustentava-se na incoerência sobre a necessidade de decretos para esse fim, considerando que as atividades dessas instituições são desenvolvidas a partir da aplicação de recursos públicos em ações de cunho privado. Essa argumentação se deu pelo fato dos recursos do sistema serem provenientes de contribuição compulsória dos empregadores, através de percentual que incide sobre o total da folha de pagamento de seus funcionários, o que torna mais coerente, o estabelecimento da total gratuidade das ações desenvolvidas por essas Instituições.

Vale ressaltar que nos mais de setenta anos de existência dessas instituições paraestatais, várias vezes surgiram embates quanto à proposta de sua efetiva estatização. Sempre veementemente combatidas pela classe empresarial envolvida e pela estrutura nacional que as compõem e reforçada pelas articulações políticas firmadas nas diversas instâncias governamentais.

Ironicamente, mesmo estando no poder o partido político promotor das mais ferrenhas defesas da estatização do Sistema S, a estratégia escolhida foi manter a gestão das instituições sob a responsabilidade do setor privado, estabelecendo somente acordos para a parcial oferta de gratuidade. Postura que pode ser compreendida pelo julgo da desresponsabilização do Estado, conforme a orientação dos acordos internacionais assumidos e mantidos pelo país. Como elucida Kuenzer (2006) ao afirmar que:

> Do ponto de vista do repasse de recursos públicos para a iniciativa privada, no Governo Lula não houve avanços no sentido da publicização, permanecendo, e de modo mais intenso, a mesma lógica: o repasse de parte das funções do Estado, e dos recursos para a sua execução, para o setor privado sob a alegação da eficácia e da ampliação da capacidade de atendimento, segundo a concepção do público não-estatal a ser operacionalizada pelas parcerias com instituições privadas. [...] Há, portanto, uma profusão de dados que enunciam o mau uso dos recursos públicos a partir de uma concepção que, implementada no governo anterior, foi assumida e estimulada no Governo Lula, e que esconde, sob a defesa do caráter público das ações, a sua realização pelo setor privado sem que haja elementos que permitam comprovar sua qualidade e efetividade social (KUENZER, 2006, p. 901).

Ao final do segundo mandato, Lula superou os entraves que poderiam ter ocasionado a derrocada da almejada oportunidade do Governo Federal estar na mão do Partido dos Trabalhadores. Anderson (2011) relembra que no Congresso, pela primeira vez o PT se tornou o maior partido e no Senado também obteve grande crescimento, dando ao governo o apoio de mais de dois terços da legislatura em cada uma das casas.

Não obstante, os problemas políticos permaneceram e as reformas consubstanciais para reverter as mazelas historicamente apontadas e garantir os direitos reclamados pela sociedade não se efetivaram. Porém, principalmente devido às diversas ações consideradas assistencialistas e compensatórias, a popularidade do então Presidente cresceu em âmbito nacional e internacional. Condição propícia para o êxito do PT nas eleições de 2010, com a candidatura de Dilma Rousseff, até então ministra da Casa Civil.

Na análise de Anderson (2011), Dilma era uma figura pouco conhecida da população até poucos meses antes do processo eleitoral, nunca tendo se apresentado aos eleitores e não dispondo de qualquer traço carismático. Sua ascensão ocorreu no vácuo deixado pelos escândalos que eliminaram Antônio Palocci e José Dirceu da condição de sucessores de Lula. Ela então passou a contar com três vantagens sobre qualquer outro possível candidato: a) não era um produto do PT, no qual ingressou apenas em 2000; b) era competente em algo que o então Presidente deixava a desejar, na administração; c) era mulher, em torno de quem seria muito mais fácil investir, suprindo suas carências com o carisma do Presidente.

Com base na manutenção da política neoliberal orientada pelos organismos internacionais e assumida pelo Brasil, através dos acordos multilaterais e bilaterais dos quais é signatário, a presidente Dilma Rousseff seguiu com uma política pública educacional percebida por meio de quatro eixos: a democratização do acesso (expansão); a permanência e êxito (qualidade); a descentralização (gestão) e o sistema de colaboração (financiamento). Dando ainda continuidade a implantação de programas de governos, executados por organizações da sociedade civil e da iniciativa privada, cabendo ao poder central a normatização, o acompanhamento e o controle.

Vale ressaltar, que em mais de três décadas desse modelo de gestão, mesmo considerando as particularidades de cada governo desse período, não se verificou melhoras significativas no sistema educacional brasileiro. O que foi atestado por Cabral Neto (2011) quando de sua análise sobre os dados divulgados pelo Instituto Nacional de Estudos e Pesquisas

Educacionais Anísio Teixeira (Inep), em 2010. Ocorrido durante o seminário regional de política e administração da educação no Nordeste, realizado em João Pessoa, na Paraíba, pela Associação Nacional de Política e Administração da Educação (Anpae), onde concluiu que:

> Apesar de se constatar um aumento nos índices em todos os níveis de ensino considerados na avaliação, eles são inexpressivos, revelando, portanto, uma situação de precariedade que não se vislumbra o seu equacionamento nem mesmo a médio prazo. Essa situação decorre, certamente, de uma série de fatores que ainda persistem no sistema educacional em todos os seus níveis, tais como: falta de condições de trabalho e salariais dos docentes, infraestrutura, condições socioeconômicas dos alunos, falta de mecanismos de gestão que funcionem de forma democrática, dentre outros (CABRAL NETO, 2011, p. 272).

No que se refere à política de educação profissional e tecnológica, logo no primeiro ano de mandato, a Presidente propôs converter as ações desenvolvidas de forma dispersa por muitos ministérios e secretarias, a um único programa. Instituiu assim o Pronatec, pela Lei nº 12.513, de 26 de outubro de 2011, com a finalidade de ampliar a oferta de educação profissional e tecnológica, por meio de programas, projetos e ações de assistência técnica e financeira, tendo como meta inicial possibilitar, até 2014, acesso à EPT gratuita e, consequentemente, ao emprego, para mais de oito milhões de brasileiros. O Pronatec recebeu destaque no Governo Federal sendo associado a várias outras políticas públicas de desenvolvimento social e econômico.

Com o desdobramento da crise econômica mundial ocorrida desde 2008, o governo Dilma traçou sua política de desenvolvimento nacional em articulação com a política de comércio exterior e apresentou o Plano Brasil Maior (PBM). Coordenado pelo Ministério de Desenvolvimento,

Indústria e Comércio Exterior, foi constituído como a política industrial, tecnológica, de serviços e de comércio exterior para o período de 2011 a 2014. O Plano tinha foco no estímulo à inovação e à competitividade da indústria nacional, estabelecendo as diretrizes para a elaboração de programas e projetos em parceria com a iniciativa privada.

No documento referência do PBM foi declarado que as demandas por mão de obra qualificada e formação profissional cresciam a taxas bem superiores ao crescimento da economia. Também foi afirmado que a abrangência e o perfil de formação profissional não correspondiam à ênfase no crescimento baseado na inovação, sendo baixa a escolaridade e inadequado o perfil de formação dos jovens que iam ingressar no mercado de trabalho.

No caso particular da inovação, o PBM esclareceu que os mecanismos de incentivo existentes não eram suficientes para apoiar a formação e manutenção de pessoal qualificado para gerir e operacionalizar as empresas, mesmo com o amplo esforço do Governo Federal para enfrentar o desafio da educação no país. Portanto, o plano apoiava-se em três programas federais voltados para o ensino técnico profissionalizante e de estímulo às engenharias: o Pronatec; o Plano Nacional Pró-Engenharia; e o Programa Ciência sem Fronteiras.

Por outro lado, os compromissos de erradicar a pobreza absoluta, de prosseguir reduzindo as desigualdades e de promover a igualdade, com garantia de futuro para os setores discriminados na sociedade, foram alinhados com a continuidade do programa de transferência de renda. E promovidos pelas políticas de inclusão social e as propostas de geração de emprego e renda, de fortalecimento da economia solidária e de programas de capacitação e crédito que favoreçam o empreendedorismo.

Tal política era efetivada pelo Programa Brasil Sem Miséria (PBSM), do Ministério do Desenvolvimento Social e Combate à Fome (MDS), no qual estava contida a ação

Pronatec/Brasil sem miséria, que tinha como objetivos ampliar as possibilidades de inserção no mercado de trabalho dos beneficiários de programas federais de transferência de renda, por meio do incremento da formação e qualificação profissional e; expandir a abrangência da oferta de cursos de qualificação social e profissional dos beneficiários de programas federais de transferência de renda, considerando as variadas demandas por mão de obra qualificada e o perfil dos beneficiários das transferências de renda.

Nesses dois exemplos extremos de aplicação do Pronatec, já é possível observar a presença da política neoliberal e suas contradições, quando de um lado percebe-se a necessidade de elevação do coeficiente médio de qualificação profissional da população, para a implementação de inovação e competitividade ao mercado brasileiro. E de outro, a demanda por ações assistencialistas, como forma de amenizar a dificuldade de inserção do trabalhador no mercado de trabalho, agravada pela crise econômica mundial e a implementação dos pressupostos do modelo de acumulação flexível. Agrega-se a essa análise os déficits da educação brasileira, ainda longe de serem superados. A expansão da formação profissional em condições ainda deficitárias, contribui significativamente para a manutenção das mazelas presentes na relação trabalho-capital, que conduz o trabalhador à submissão e precarização de sua condição de trabalho.

Comumente, surgem afirmações sobre a similaridade do Pronatec com alguns programas de formação profissional implantados em governos anteriores, tais como o Pipmo, Planfor e PNQ. Cabendo, para melhor esclarecimento, serem feitas algumas considerações quanto aos pontos que reforçam tal afirmação e àqueles que expressam as singularidades do atual Programa.

Primeiramente, deve-se ter à vista a insuficiência qualitativa e quantitativa das iniciativas de formação profissional até então vigentes, como identificado por Peixoto (2008) na análise comparativa sobre o Planfor e do PNQ, em que destaca a necessidade de haver uma reformulação profunda no sistema de formação profissional brasileiro para se adequar às novas demandas do sistema produtivo.

É possível observar que, gradativamente foram incorporados às diretrizes dos últimos planos de qualificação, aspectos referente à integração com as demais políticas públicas; à participação e controle social; à elevação de escolaridade; à formação integral (intelectual, técnica, cultural e cidadã); à flexibilidade da estrutura, do currículo e da gestão; à prioridade de atendimento para população com maior vulnerabilidade social; ao foco na empregabilidade e empreendedorismo; à elevação da carga-horária dos cursos; à abertura para a execução por diferentes órgãos públicos e privados sem fins lucrativos. Contudo, como afirma Peixoto (2008), as dimensões propostas pelo Planfor e aperfeiçoadas pelo PNQ foram ambas prejudicadas pelas dificuldades provenientes da operacionalização dos planos.

Esses aspectos estão contemplados na atual política pública desenvolvida pelo Pronatec, em alguns casos de forma ainda mais aperfeiçoada. Havendo também a presença de novas demandas, emergentes das disputas de interesses entre os agentes sociais envolvidos na composição do Programa, assim como, do resultado do processo de adaptação à reforma da Educação Profissional e Tecnológica.

Aspectos trazidos pelo Pronatec serão discutidos no próximo capítulo, alguns bastante inovadores em comparação com os últimos planos de formação profissional, destacando-se como o mais relevante a integração de projetos, programas e ações de formação profissional e tecnológica, que deram origem às seis iniciativas do Programa (Bolsa-Formação, Fundo de Financiamento Estudantil, Acordo de gratuidade com o Sistema S, Expansão da Rede Federal de Educação Profissional e Tecnológica, Brasil Profissionalizado e Rede e-TEC Brasil), caracterizando-o como um "programa guarda-chuva", que tem a pretensão de abranger as principais políticas públicas de EPT.

Outra inovação do Pronatec está na sua coordenação pelo MEC e financiamento pelo FNDE, visto que seus antecedentes foram em sua maioria coordenados pelo MTE e financiados pelo FAT. Também se destaca a expansão da oferta de cursos até o nível técnico, nas formas concomitante, subsequente e integrada, para alunos da Educação de Jovens e Adultos (EJA).

Contudo, também deve-se considerar alguns retrocessos, como a redução da participação e controle social do Programa, haja visto que os planos anteriores contavam com órgãos deliberativos e fiscalizadores, presentes nas três instâncias governamentais: o CODEFAT, em âmbito federal, as Comissões Estaduais de Trabalho, as Comissões Municipais de Trabalho e as Delegacias Regionais do Trabalho, incorporadas como representantes do MTE nos estados, também responsáveis pela fiscalização da execução dos planos.

Com essa breve retrospectiva histórica, desde a segunda metade do século XX até a metade da segunda década do século XXI, foram feitos esclarecimentos sobre vários pontos percorridos nos caminhos e descaminhos da educação profissional e tecnológica brasileira em tempos de reestruturação produtiva. Compreendendo que o movimento histórico se faz por continuidades e rupturas, registrou-se aqui momentos de autoritarismo e repressão, fases de redemocratização, reabertura e modernização, períodos de reestruturação, com processos de privatização, descentralização e reforma educativa, culminando com a chegada de uma época de esperança de transformação, ainda frustrada pela continuidade de implementação e consolidação de políticas neoliberais.

Considera-se, portanto, que fora dada as condições necessárias para uma leitura aprofundada e crítica sobre a política pública de educação profissional e tecnológica do país, promovida pela implementação do Pronatec. Estando, portanto, o próximo capítulo dedicado à análise do Pronatec Bolsa-Formação, especificamente sua base normativa, características, desenvolvimento e repercussões, além da objetivação em uma instituição educacional pública.

CAPÍTULO III

A CONCEPÇÃO DE EDUCAÇÃO PROFISSIONAL E TECNOLÓGICA NO PRONATEC

Este capítulo analisa a maior expressão da política pública brasileira de EPT implementada com o Pronatec, considerando as influências oriundas da conjuntura mundial da economia capitalista e as relações de continuidade e rupturas com políticas públicas anteriormente implantadas no país.

Inicialmente, é enfatizado o momento político em que é concebido o Pronatec, sucedido de seus objetivos, iniciativas e modalidades, as entidades e beneficiários envolvidos. Também, são tratadas as reações positivas e negativas de entidades, intelectuais e políticos, indicando ainda os sinais de ambiguidades e contradições no discurso oficial sobre o Programa.

Em seguida é dado início à análise sobre a base normativa regulamentadora do Pronatec, especificamente da ação Bolsa-Formação, buscando extrair aspectos que revelem a concepção de EPT que sustenta as atividades desenvolvidas.

O Instituto Federal de Educação, Ciência e Tecnologia do Maranhão (Ifma), definido como *locus* da pesquisa sobre a forma de objetivação do Pronatec Bolsa-Formação, é apresentado e posteriormente são feitas análises sobre os dados quantitativos e estatísticos referentes à execução do Programa no Instituto, em todo o estado do Maranhão.

As análises sobre a objetivação do Pronatec Bolsa-Formação no Ifma também incluem informações extraídas de entrevistas semiestruturadas, realizadas com o gestor institucional do Pronatec Bolsa-Formação do Ifma; coordenadores e professores de dois dos seus campi e; a gestora nacional dos demandantes do Pronatec Bolsa-Formaçãono Maranhão, ligada à Secretaria Estadual do Maranhão.

A expansão da EPT por via do Pronatec

A construção da atual concepção de EPT passa pela inserção dessa modalidade na política pública educacional. Ainda no governo Lula a EPT teve um espaço considerável no PDE, que foi formalizado em 15 de março de 2007. Tal Plano fundamentava-se nos pilares: a visão sistêmica da educação, a territorialidade, o desenvolvimento, o regime de colaboração, a responsabilização e a mobilização social.

No documento *O Plano de Desenvolvimento da Educação: razão, princípios e programas*, os principais destaques atribuídos ao desenvolvimento da política pública de EPT enfatizavam: a) a revogação do Decreto nº 2.208/1997, a partir da aprovação do Decreto nº 5.154/2004, afirmando ter sido retomada a perspectiva da integração do ensino médio com a educação profissional e tecnológica; b) a consolidação jurídica dessa modalidade na LDB, com o acréscimo, a partir da Lei nº 11.741/2008, de uma seção especificamente dedicada à articulação entre a educação profissional e tecnológica e o ensino médio; c) a expansão da Rede Federal, tanto no aspecto orçamentário, como pessoal e físico; d) o acordo de gratuidade firmado com o Sistema S; e) os bons resultados do Proeja, com a oferta de educação profissional e tecnológica integrada ao ensino médio na modalidade educação de jovens e adultos; f) o Projovem, atuando na mesma direção, com as séries finais do ensino fundamental (BRASIL.MEC, 2008).

Contudo, o PDE foi alvo de críticas, por se apresentar de forma paralela e autônoma em relação ao PNE 2001-2010, que passou a ocupar uma posição secundária nas prioridades e debates educacionais, promovidos pelo Governo Federal. No PNE havia a indicação de um diagnóstico da EPT que sinalizava a heterogeneidade e diversidade (tendências consideradas positivas), a oferta restrita diante de demandas de expansão, necessidade de integração de educação profissional e educação básica, de articulações institucionais, além de outras observações. Porém, essas diretrizes e metas propostas não foram efetivadas, limitadas em alguns casos em programas e ações do PDE, como políticas educacionais focalizadas e desenvolvidas por critérios definidos de forma centralizada e contratos de gestão por metas.

Em 2010, no final do governo Lula, realizou-se a I Conferência Nacional de Educação (Conae), num esforço de mobilização para que fossem construídas políticas públicas mais participativas. Nessa ocasião, submetia-se ao debate social a instituição do Sistema Nacional de Educação, no intuito de assegurar a articulação entre os entes federados e os setores da sociedade civil, apresentando-se diretrizes, metas e ações, na perspectiva da democratização, da universalização, da qualidade, da inclusão, da igualdade e da diversidade (BRASIL.MEC.FNE, 2012).

O resultado da Conae 2010 foi considerado um marco histórico para a educação brasileira na contemporaneidade, por expressar os anseios de participação democrática da sociedade civil organizada na deliberação sobre as bases e diretrizes para o próximo PNE, que teve seus preceitos apresentados ao Congresso Nacional, por meio do Projeto de Lei nº 8.035/2010. Especificamente, em relação à EPT, a Conae defendeu a ruptura do dualismo ensino médio e educação profissional pública, bem como a proposta de escola unitária e politécnica, assumindo o trabalho como princípio educativo.

Nesse contexto, desenvolveram-se disputas teóricas sobre concepções de educação profissional. Estando os treinamentos para postos de trabalho e a polivalência com desenvolvimento de competências indo de encontro às propostas baseadas na politecnia, que integra formação intelectual e manual, teoria e prática. Esse debate influenciou a elaboração dos textos legais e dos programas de governo, produzindo contradições que refletiram tanto na atuação do governo Lula, quanto nas propostas que se seguiram, numa relação conflituosa entre concepções de ruptura e de continuidade presentes nas mesmas políticas públicas.

A candidata à sucessão presidencial Dilma Rousseff apresentou cinco dias antes das eleições, de forma bastante genérica e sintética as intenções do futuro governo, no documento *Os treze compromissos programáticos para debate na sociedade brasileira*. Nesses compromissos foram dadas referências à EPT ao tratar do tema Educação, como exemplo, naqueles que discorriam sobre o projeto nacional de desenvolvimento, a erradicação da pobreza absoluta e a redução das desigualdades, a inserção de jovens no mercado de trabalho e alternativas para inserção ocupacional dos beneficiários da Bolsa Família (COLIGAÇÃO, 2010).

Nesse documento, percebe-se que a EPT manteve tanto uma relação de dependência com o desenvolvimento econômico do país e uma articulação com o controle e assistência social, exercidos pelo Estado. Essa relação corresponde à análise de Harvey (1996), ao descrever a estrutura do mercado de trabalho no modelo de acumulação flexível, que reduz ao seu núcleo central os profissionais com mais elevado nível de qualificação, expandindo-se em volume para as extremidades da estrutura, num movimento crescente em volume e decrescente em nível de qualificação, até o alcance da total desqualificação. Outra análise é destacada por Paiva (1991), na tese da polarização das qualificações, onde o mercado requer apenas um número pequeno de profissionais qualificados, relegando a grande massa à desqualificação. Análises mais detalhadas desses estudos encontram-se no capítulo I desse livro.

Desse modo, abre-se a perspectiva para políticas públicas e ações de formação profissional diferenciadas, algumas com maior complexidade, para um número restrito e privilegiado da população, e outras voltada para a grande massa da população, com duração mais curta, de cunho assistencialista e suplementar, na pretensão de amenizar as condições socioeconômicas adversas, sofrida pela grande maioria da população.

Apesar do tratamento indireto sobre o programa que futuramente iria expressar a política pública de EPT, todo o cenário do período de transição entre o mandado de Lula e de Dilma permitiu vislumbrar a perspectiva de um maior destaque sobre esse tema, a partir das afirmações feitas sobre a manutenção, articulação e extensão de muitos dos programas considerados exitosos.

No quarto mês do novo governo do PT, a presidente Dilma Rousseff encaminhou ao Congresso Nacional o Projeto de Lei (PL) do Executivo nº 1.209/2011, para a implantação do Pronatec, com argumentos de que o mercado de trabalho estava oferecendo boas oportunidades e melhores salários, para quem tinha qualificação. Assim, percebia que a EPT se tornava necessária para o jovem que saia do Ensino Médio, para o trabalhador que pretendia entrar no mercado de trabalho e, ainda, para aquele que estava trabalhando e precisaria manter-se qualificado. Ou seja, conforme síntese proferida pela Presidente: "No Brasil, quem tinha formação, tinha emprego" (ROUSSEFF, 2011a). Essa iniciativa seguiu-se de reações de políticos, intelectuais, entidades e associações científicas, que expressavam conformismos, questionamentos e contraposições, disputas já conhecidas e oriundas da dicotomia entre os projetos de formação do trabalhador, defendidos e confrontados ao longo das discussões sobre as políticas públicas de EPT nas últimas décadas.

Durante a tramitação do PL no Congresso Nacional, alguns parlamentares em defesa do projeto oficial, declararam que o Brasil estava na contramão do mundo, cuja tendência visível era que todo o ensino médio fosse técnico e o ensino superior fosse geral, enquanto que aqui o ensino médio era geral para levar o aluno, necessariamente, ao ensino superior. Ainda foi destacada a relevância do projeto, então em análise, pela iniciativa da União em exigir das pessoas quer requeriam o seguro desemprego, sua obrigatória matrícula nos cursos iniciais de EPT. O que, segundo suas opiniões, dificultaria o retorno ao benefício, considerando a melhoria de sua qualificação e, consequentemente sua inserção e manutenção no mercado de trabalho (VIEIRA; FERREIRA, 2011).

Observando com mais atenção os argumentos dos parlamentares favoráveis ao Pronatec percebe-se a defesa de uma concepção dualista de EPT, que divide o trabalho manual e intelectual, com uma visão de ensino médio pragmático e utilitário e uma formação intelectual em nível superior, contrariando o discurso oficial de apresentação do Projeto de Lei, que considerou essa dicotomia superada. Ainda, destaca-se a ratificação pelos parlamentares da relação do Pronatec com a suplementação do desemprego estrutural e da responsabilização do indivíduo pela sua colocação e permanência no mercado de trabalho, por meio da busca da EPT e de sua obrigatoriedade na obtenção do seguro desemprego.

Outra declaração positiva ao PL, expressa durante sua tramitação, foi feita pelo relator e pela presidente da Comissão de Educação e Cultura da Câmara, que elogiaram a participação de representantes de instituições privadas, das três esferas do governo, do Sistema S e da população nas audiências públicas, realizadas em Fortaleza-CE e Campo Grande-MS, onde foi discutida e recebida sugestões para a elaboração da proposta de implantação do Pronatec (FIGUEIREDO, 2011).

A participação de sujeitos sociais das mais diversas esferas, destacada pelos parlamentares, os quais em muitos casos representam interesses contrários, reforça a análise desenvolvida no capítulo I desse livro, sobre o processo de institucionalização do modelo de competência. Pela qual se reconhece a existência de uma ampla participação, porém concedida e controlada, que pode confundir interpretações menos críticas quanto ao real exercício da democracia. Condição agravada pelo uso de artifícios que garantem a prevalência dos interesses daqueles com maior poder de persuasão, considerando sua força econômica e política.

Também houve muitas críticas oriundas de movimentos sociais, órgãos e instituições da sociedade civil organizada. Nesse sentido, o Secretário Nacional de Formação da Central Única dos Trabalhadores (CUT) esclareceu que, mesmo não sendo contrário ao PL, considerava alguns elementos como contraditórios, frente aos debates sobre EPT já desenvolvidos no país, criticando os cursos de caráter aligeirados, associados à necessidade do mercado. O Secretário ainda previu a elaboração de um substitutivo, construído conjuntamente com outros atores envolvidos, contendo questões presentes no PNE, sugerindo que a certificação dos cursos fosse feita pela Rede Certific do MEC e que as qualificações recebessem as orientações do Codefat (LOURENÇO, 2011).

O Superintendente de Educação Profissional da Secretaria Estadual de Educação da Bahia e membro do Conselho Estadual de Educação daquele estado, também levou críticas sobre o PL, referindo-se à transferência de recursos federais, mediante convênios, para a rede técnica privada, no intuito de aumentar as vagas oferecidas, declarando temer que instituições despreparadas e sem equipamentos adequados fossem beneficiadas. Defendeu ainda que os investimentos públicos devem ser feitos na rede pública de educação técnica e tecnológica e, na mesma direção, recomendou o diálogo entre as redes estaduais e federal para que suas ações se complementassem e não houvesse sobreposições (OLIVEIRA, 2011).

As críticas de Lourenço (2011) e Oliveira (2011) remetem a boa parte da problemática identificada nas avaliações sobre as ações de qualificação profissional, desenvolvidas pelos programas apresentados no capítulo II, a exemplo do Planfor e do PNQ, que guardam similaridades em alguns pontos com a proposta apresentada pelo governo de Dilma Rousseff ao Congresso Nacional.

O Sindicato Nacional dos Servidores Federais da Educação Básica, Profissional e Tecnológica (Sinasefe) de Santa Catarina declarou sua frustração no processo de mobilização contrária à aprovação do PL do Pronatec, sob os argumentos de que dinheiro público deve ser investido na educação pública e questionando o repasse de recursos diretamente ao Sistema "S", além de defender o ensino integrado como melhor estratégia de profissionalização, contrária à prioridade do Pronatec, que são os cursos FIC. Por fim, o sindicato desaprovou a concessão de bolsa aos servidores da rede federal, que poderá se transformar em um instrumento de precarização do ensino e do trabalho na rede (VILELA, 2011).

Durante a 34ª Reunião Anual da Associação Nacional de Pós-graduação e Pesquisa em Educação (Anped) foi aprovada e em seguia encaminhada ao Senado a moção de nº 06, que trazia em seu bojo a solicitação de retirada do PL em tramitação, para a revisão do seu conteúdo, no que se refere: ao abandono do ensino médio integrado como prioridade; ao financiamento público da oferta privada de educação profissional; à intensificação, precarização, fragmentação e privatização do trabalho dos profissionais das redes públicas de educação; à subordinação de políticas atuais relevantes (expansão da Rede Federal, Programa Brasil Profissionalizado e Proeja) à lógica privatista do Pronatec e; ao incentivo à criação do modelo dos Institutos Federais na iniciativa privada com financiamento do Fundo de Financiamento Estudantil (Fies) (ANPED, 2011).

A Confederação Nacional dos Trabalhadores da Educação (CNTE) apresentou sua avaliação sobre o Pronatec e sua tramitação na Câmara dos Deputados, considerando: a ameaça ao conceito e pressupostos consolidados da educação técnica profissional de nível médio, por não dimensionar o papel do Estado na oferta pública e gratuita de educação profissional técnica de nível médio; a flexibilização do compromisso do Estado para com a oferta da educação técnica de nível médio e o estímulo à reserva de mercado educacional; a discordância quanto ao recente acordo de expansão de matrículas gratuitas em âmbito do Sistema S; a inibição da expansão de instituições públicas de formação técnica e tecnológica compromissadas com a formação cidadã e; o fomento do reducionismo curricular da formação para o trabalho (CNTE, 2011).

Observa-se que o Sinasefe-SC, a Anped e o CNTE trouxeram à pauta de discussão sobre o PL questões relevantes, questionando em suma a lógica neoliberal que desencadeou reformas de Estado, em especial reformas educacionais (detalhadas no capítulo II), que reposicionaram a educação não mais como direito, mas como um serviço aberto ao mercado privado, condição agravada pela reconfiguração do Estado como ente articulador, financiador e avaliador das políticas públicas educacionais. Nesse mesmo sentido, as instituições destacam a participação da Rede Federal Pública de EPT, apresentando questões sobre a pretensa precarização da oferta, haja vista o direcionamento da execução para cursos de curta duração e para cursos técnicos concomitantes ao Ensino Médio, ambos avessos à proposta de EPT ampla e integrada ao ensino regular.

Apesar das críticas e oposições, com menos de seis meses de tramitação no Congresso Nacional, em 26 de outubro de 2011, foi sancionada a Lei nº 12.513, instituindo o Pronatec, com a finalidade de ampliar a oferta de educação profissional e tecnológica, por meio de programa, projetos e ações de assistência técnica e financeira (Art. 1º). Por meio desse Programa, o Governo Federal manteve a continuidade da prevalência dos interesses do capital no ajustamento das políticas públicas de EPT, preconizadas desde o fim da década de 70 do século XX e intensificadas a partir da década de 90 do século XX, como se registra no breve histórico constituído capítulo II desse estudo. O Pronatec buscou integrar, ampliar e garantir diferentes modalidades ou iniciativas de EPT, por um lado aproximando-se de propostas anteriores (Pipmo, Planfor e PNQ) pela manutenção da dicotomia trabalho manual e trabalho intelectual. E por outro, se distanciando pelo crescente incremento de modelos de formação mais complexos, correspondentes ao trabalho flexível.

No discurso da Presidente Dilma Rousseff, durante a cerimônia de sanção da Lei nº 12.513/2011, foram expressas informações que revelam alguns aspectos subjacentes ao Pronatec, revelando os significados e sentidos que compõem a concepção de EPT contida no Programa. No Quadro 2, destacam-se as ideias e concepções percebidas a partir desse discurso.

Quadro 2: Ideias e concepções do Pronatec, subjacentes ao discurso da Presidente

Ideias e concepções do Pronatec	Fragmento do discurso
Caráter de suplementação	[...] assegurar capacitação para os jovens, para os trabalhadores, e para os adultos que não tiveram no passado a oportunidade dessa qualificação (ROUSSEFF, 2011b).
Ênfase na formação polivalente com foco no mercado	[...] assegurar que o ensino médio brasileiro não seja um ensino pura e simplesmente iluminista do passado, mas seja um ensino que combina o conhecimento geral, mas também o conhecimento, a prática específica e as qualificações necessárias para fazer frente à economia do conhecimento, à sofisticação tecnológica (ROUSSEFF, 2011b).
Parceria público-privado	[...] o Estado cumpre a sua parte e a iniciativa privada dá sua grande contribuição, na medida em que a formação profissional dos nossos jovens é algo estratégico para o desenvolvimento e o crescimento econômico do país e para a oportunidade para milhões de famílias (ROUSSEFF, 2011b).
Dualidade da educação profissional	[...] uma outra questão estratégica são os nossos trabalhadores. Nós queremos trabalhadores cada vez mais bem formados. É um outro tipo de formação. Não há nenhum demérito entre uma e outra. Não se pode comparar, são coisas diferenciadas. Mas queremos também dar oportunidade para adultos que não tiveram essa oportunidade nos momentos anteriores (ROUSSEFF, 2011b).
Interesse na expansão da EPT e o regime de colaboração entre os entes federados	[...] estamos utilizando todos os instrumentos à disposição do Governo Federal, para assegurar, também, uma parceria com os governos dos estados no que se refere à expansão das escolas públicas estaduais. E, expandindo a rede federal, algo que já tinha começado no governo do presidente Lula (ROUSSEFF, 2011b).
Financiamento público de programas privados de qualificação e de instituições privadas de ensino	Nós estamos utilizando uma política de crédito para garantir, junto com uma política tributária de desoneração, para garantir que os empresários invistam na educação profissional, coloquem esta como uma das questões essenciais para o seu crescimento [...]. Nós estamos fazendo o financiamento do ensino técnico profissionalizante para aquele aluno que quer estudar em uma escola privada e terá, portanto, acesso ao financiamento do ensino... agora, do ensino técnico profissionalizante (ROUSSEFF, 2011b).

continua...

continuação

Ideias e concepções do Pronatec	Fragmento do discurso
Aplicação da metodologia de educação à distância como processo suplementação	[...] a nossa escola aberta de tecnologia à distância, o que será também uma grande contribuição para que esse ensino técnico profissionalizante se interiorize. Porque o que nós queremos é que na sua cidade, ou o mais perto possível dela, o nosso jovem, o nosso adulto e o trabalhador tenham uma oportunidade de capacitação (ROUSSEFF, 2011b).
Premissa da oferta de oportunidade educacional e, consequentemente, a responsabilização do êxito profissional sendo atribuída ao indivíduo	[...] Por tudo isso, eu quero dizer a vocês que o Brasil é do tamanho dos nossos sonhos, dos sonhos de cada um de nós, mas também, além dele ser do tamanho dos sonhos, é do tamanho das oportunidades que nós damos para os brasileiros e as brasileiras realizarem seus sonhos. E eu tenho muito orgulho de dizer que o Pronatec é a maior máquina, o maior instrumento, a maior iniciativa, a maior ação, no sentido de realização dos sonhos e do futuro de muitos jovens brasileiros e brasileiras (ROUSSEFF, 2011b).

Fonte: Transcrição do discurso da Presidente Dilma Rousseff proferido no Palácio do Planalto em 26/10/2011

Percebe-se nesses fragmentos do discurso da Presidente as influências do modelo de reestruturação produtiva, da nova estrutura do mercado de trabalho e do ideário neoliberal no ajustamento das políticas públicas brasileiras, produzindo reformas educativas, conforme está sinalizado no capítulo II.

Dentre outros reflexos dessas ideias está a subordinação da educação aos ditames do mercado de trabalho, que fragiliza os fundamentos de emancipação do ser humano e de maior humanização das relações sociais. No mesmo sentido, encontra-se a redução dos custos proveniente da terceirização das ações educativas, que mercantiliza o processo educativo, submetendo-o aos interesses particulares das instituições privadas, atenuando a responsabilidade do Estado com o atendimento educacional por meio das instituições públicas. Também, atribui à EPT o caráter de suplementação do desemprego estrutural, proveniente da reestruturação do mercado de trabalho e da vigência do novo modelo de produção – que atribui à educação o papel de garantir a equidade de oportunidades, que em tese proporcionaria o êxito profissional de cada trabalhador.

Para dar continuidade à análise sobre a concepção do Pronatec, faz-se necessária a apresentação de algumas informações que retratam o Programa. Assim, resgatando sua formalização legal, ou seja, a Lei nº 12.513/2011, especificamente o Parágrafo Único do Art. 1º, verifica-se que seus objetivos são:

> I - expandir, interiorizar e democratizar a oferta de cursos de educação profissional técnica de nível médio presencial e a distância e de cursos e programas de formação inicial e continuada ou qualificação profissional;
> II - fomentar e apoiar a expansão da rede física de atendimento da educação profissional e tecnológica;
> III - contribuir para a melhoria da qualidade do ensino médio público, por meio da articulação com a educação profissional;
> IV - ampliar as oportunidades educacionais dos trabalhadores, por meio do incremento da formação e qualificação profissional;
> V - estimular a difusão de recursos pedagógicos para apoiar a oferta de cursos de educação profissional e tecnológica.
> VI - estimular a articulação entre a política de educação profissional e tecnológica e as políticas de geração de trabalho, emprego e renda (BRASIL, 2011).

A partir de seu texto legal, é possível perceber que os objetivos do Pronatec se centram na intencionalidade de ampliação e expansão da oferta de educação profissional, com diferentes níveis e modalidades de formação, indicando o apoio ao desenvolvimento das condições da oferta com qualidade. Ainda, aponta-se a necessidade de articulação das políticas de educação profissional e de geração de emprego e renda, sugerindo implicitamente um planejamento intersetorial, prática não visível na operacionalização das políticas públicas brasileiras.

No Pronatec coloca-se como prioridade o atendimento a estudantes do ensino médio de escola pública, incluindo a EJA ou que tenham bolsa integral em escolas privadas, os trabalhadores e os beneficiários de programas de transferência de renda. Sua objetivação deve ocorrer em regime de colaboração entre os entes federados e pressupõe a participação do Sistema S, de instituições privadas e públicas de educação superior ou de educação profissional e tecnológica. Nessa perspectiva, é estabelecido para o desenvolvimento do Programa, conforme Art. 4º da Lei, as ações de:

> I - ampliação de vagas e expansão da rede federal de educação profissional e tecnológica;
> II - fomento à ampliação de vagas e à expansão das redes estaduais de educação profissional;
> III - incentivo à ampliação de vagas e à expansão da rede física de atendimento dos serviços nacionais de aprendizagem;
> IV - oferta de bolsa-formação, nas modalidades: Bolsa-Formação Estudante; e Bolsa-Formação Trabalhador;
> V - financiamento da educação profissional e tecnológica;
> VI - fomento à expansão da oferta de educação profissional técnica de nível médio na modalidade de educação a distância;
> VII - apoio técnico voltado à execução das ações desenvolvidas no âmbito do Programa;
> VIII - estímulo à expansão de oferta de vagas para as pessoas com deficiência, inclusive com a articulação dos Institutos Públicos Federais, Estaduais e Municipais de Educação;
> IX - articulação com o Sistema Nacional de Emprego e;
> X - articulação com o Programa Nacional de Inclusão de Jovens - Projovem, nos termos da Lei no 11.692, de 10 de junho de 2008 (BRASIL, 2011).

Para o desenvolvimento dessas ações houve a convergência de muitos programas que já vinham sendo desenvolvidos pelo Governo Federal desde mandatos anteriores e algumas novas iniciativas. Com essa estratégia, garantiu-se a multidiversidade e abrangência do Programa, além da aplicação de um volume considerado de recursos, proporcionando a projeção e vasta divulgação de uma impactante meta de atendimento. Na semana da sanção da Lei do Pronatec, durante o programa Café com a Presidenta, foi declarado o investimento de R$ 24 bilhões até 2014, com a expectativa da oferta de 8 milhões de vagas em cursos de formação técnica e profissional. Enfim, foram estabelecidas iniciativas do Pronatec, cada uma com propósitos e normatizações próprias, as quais estão resumidas a seguir:

a) Bolsa-Formação: tem o objetivo de expandir a oferta de vagas em cursos de EPT para ampliar oportunidades de inclusão social e produtiva a estudantes e trabalhadores, por meio das modalidades (BRASIL.MEC.SETEC, 2014):

i. Bolsa-Formação Estudante, para oferta de cursos de educação profissional técnica de nível médio (BRASIL.MEC, 2013b) e;

ii. Bolsa-Formação Trabalhador, para oferta de cursos de formação inicial e continuada ou qualificação profissional. (BRASIL.MEC, 2013b);

b) Fundo de Financiamento Estudantil: destinado à concessão de financiamento ao estudante, em caráter individual (Fies Técnico), para o custeio da sua formação profissional técnica de nível médio, ou à empresa (Fies Empresa), para custeio da formação inicial e continuada ou da qualificação profissional dos seus funcionários (BRASIL. MEC, 2013a);

c) Acordo de gratuidade com o Sistema S: com a finalidade de garantir a progressiva expansão da gratuidade na oferta de cursos, programas e ações educacionais promovidos pelo Sistema S, para atender ao público de baixa renda e trabalhadores (BRASIL. MEC, 2008);

d) Expansão da Rede Federal de Educação Profissional e Tecnológica: trata-se da expansão e reestruturação da Rede Federal de Educação Profissional e Tecnológica, com a interiorização da oferta e ampliação do acesso à educação profissional e tecnológica pública e gratuita (BRASIL. MEC. SETEC, 2014);

e) Brasil Profissionalizado: pretende fomentar a expansão das redes estaduais de educação profissional e tecnológica, para contribuir com a melhoria da educação básica pública, aumentar e diversificar as oportunidades de formação profissional (BRASIL. MEC.SETEC, 2014);

f) Rede e-TEC Brasil: amplia a oferta de educação profissional e tecnológica na modalidade a distância, para atender, prioritariamente, a públicos com dificuldade de acesso a cursos presenciais (BRASIL.MEC.SETEC, 2014).

Dentre essas iniciativas, somente aquelas relacionadas à Bolsa-Formação, Rede e-Tec Brasil e a expansão do Fies para financiamento da EPT, podem ser consideradas como novas ações trazidas pelo Pronatec. Porém, essas ações não foram de todo inovadoras, mas sim versões atualizadas de programas já desenvolvidos. As demais iniciativas não sofreram nenhum incremento, tendo seus recursos e registros de produção sido agregados ao Programa, preservando seus objetivos e intencionalidades educativas.

A estratégia de descentralização no processo de gestão da política educacional brasileira, enfatizada desde os primórdios da reforma do Estado, sob a influência dos princípios neoliberais, também foi contemplada na estruturação das iniciativas que compõem o Pronatec. E, para tanto, foi criada uma rede de instituições, que exerciam atividades distintas, cabendo ao Estado o cumprimento do papel de articulador, financiador e avaliador do Programa. A seguir apresentam-se as funções desenvolvidas pelas instituições que compõem a rede do Pronatec:

a) Coordenação: Secretaria de Educação Profissional e Tecnológica do Ministério da Educação (Setec/MEC);

b) Financiamento: o FNDE e o Banco Nacional de Desenvolvimento Econômico e Social (BNDES);

c) Ofertantes: Rede Federal de Educação Profissional e Tecnológica, Rede Estadual de Educação Profissional e Tecnológica, Serviços Nacionais

de Aprendizagem (SNAs), Serviços Nacionais Sociais (SNSs), Instituições Privadas de Educação Superior e Instituições Privadas de Educação Profissional Técnica de Nível Médio;
d) Demandantes e beneficiários: trata-se, respectivamente, dos órgãos responsáveis pela seleção e encaminhamento dos beneficiários, aqueles que participam dos cursos;
e) Conselhos e Fóruns: Conselho Deliberativo de Formação e Qualificação Profissional, regulamentado pelo Decreto nº 7.855/2012, que tem por objetivo articular e avaliar os programas voltados para a formação e qualificação profissional no âmbito da administração pública federal; e Fórum Nacional de Apoio à Formação e Qualificação Profissional, formalizado pela Portaria MEC nº 471, de 03 de junho de 2013, com intencionalidade de subsidiar a atuação do Conselho Deliberativo no cumprimento de suas competências e estimular a instituição de fóruns estaduais e distrital de apoio à formação e qualificação profissional. O Programa também mantém relação com outros conselhos tais como: o CNE, o Conselho Nacional da Instituição da Rede Federal de Educação Profissional, Científica e Tecnológica (Conif), Conselho Nacional de Dirigentes das Escolas Técnicas vinculadas às Universidades Federais (Condetuf), (BRASIL.MEC.SETEC, 2014).
f) Consultoria: a Fundação Getúlio Vargas (FGV), contratada para o desenvolvimento de uma metodologia que garantisse o melhor acompanhamento das metas e dos resultados do acordo de gratuidade com o Sistema S; o Inep, para elaboração de uma proposta de avaliação para a educação profissional e tecnológica e; o Centro de Gestão

e Estudos Estratégicos (CGEE), para construir o Mapa da Educação Profissional e Tecnológica no Brasil (BRASIL.MEC.SETEC, 2014).

Continuando com o processo de reconhecimento do funcionamento do Pronatec, no intuito de melhor compreender a concepção de EPT assumida pelo Programa, apresenta-se o Quadro 3, no esforço de dar visibilidade às relações entre os órgãos demandantes, as modalidades e os respectivos perfis de beneficiários.

Quadro 3: Demandantes do Pronatec, modalidades e beneficiários

DEMANDANTE	MODALIDADE	PERFIL BENEFICIÁRIO
Ministério da Cultura	Pronatec Cultura	Trabalhadores para atender as demandas do mercado cultural.
Ministério da Defesa	Pronatec Aeronáutica	Praças do Exército, da Marinha e da Aeronáutica em prestação de Serviço Militar; praças que deram baixa; e atiradores de tiro de guerra.
	Pronatec Aeronáutica Reserva	
	Pronatec Exército	
	Pronatec Exército Reserva	
	Pronatec Marinha	
	Pronatec Marinha Mercante	
	Pronatec Marinha Reserva	
Ministério da Justiça	Pronatec Sistema Prisional	Privados de liberdade em regime aberto e semiaberto e egressos de estabelecimentos penais.
	Pronatec Sistema Prisional em Regime Fechado	
Ministério da Pesca e Aquicultura	Pronatec Pesca e Aquicultura	Pescadores e aquicultores que atuam ou pretendem atuar nos setores pesqueiro e aquícola.
Ministério da Previdência Social	Pronatec Reabilitação Profissional	Trabalhadores em processo de reabilitação profissional.

continua...

continuação

DEMANDANTE	MODALIDADE	PERFIL BENEFICIÁRIO
Ministério das Comunicações	Pronatec Comunicações	Trabalhadores que atuam ou pretendem atuar nas áreas de produção, programação e distribuição de informações e dados sobre plataformas de radiodifusão ou telecomunicações.
DEMANDANTE	**MODALIDADE**	**PERFIL BENEFICIÁRIO**
Ministério do Desenvolvimento Agrário	Pronatec Campo	Público da agricultura familiar, povos e comunidades tradicionais e da reforma agrária.
Ministério do Desenvolvimento Social e Combate à Fome	Pronatec Brasil sem Miséria	Pessoas incluídas no CadÚnico.
	Pronatec Mulheres Mil	
	Pronatec Sistema Socioeducativo Aberto	
	Pronatec Vira Vida	
Ministério do Desenvolvimento, Indústria e Comércio Exterior	Pronatec Brasil Maior	Trabalhadores dos setores relacionados ao Plano Brasil Maior.
Ministério do Trabalho e Emprego	Pronatec Aprendiz	Beneficiários do Seguro-Desemprego; jovens desempregados de 18 a 29 anos de famílias com renda por pessoa de até um salário mínimo; adolescentes e jovens de 14 a 24 anos na condição de aprendiz; trabalhadores.
	Pronatec Certific	
	Pronatec ProJovem Trabalhador	
	Pronatec Seguro-Desemprego	
	Pronatec Trabalhador	
Ministério do Turismo	Pronatec Copa	Trabalhadores que atuaram ou pretendiam atuar nos setores de turismo, hospitalidade ou lazer.
	Pronatec Copa na Empresa	
	Pronatec Copa Social	
Secretaria de Educação Continuada, Alfabetização, Diversidade e Inclusão	Pronatec EJA FIC	Jovens que participavam do ProJovem Urbano e estudantes da Educação de Jovens e Adultos.
	Pronatec EJA Técnico Concomitante	
	Pronatec EJA Técnico Integrado	
	Pronatec ProJovem Urbano	

continua...

continuação

Secretaria de Direitos Humanos da Presidência da República	Pronatec Pop Rua	Jovens e adolescentes em cumprimento de medida socioeducativa.
	Pronatec Sistema Socioeducativo Fechado	
	Pronatec Viver sem Limite	
Secretarias de Estado e do Distrito Federal de Educação	Pronatec Jovem FIC	Estudantes de Ensino Médio de rede pública.
	Pronatec Jovem Técnico Concomitante	
DEMANDANTE	**MODALIDADE**	**PERFIL BENEFICIÁRIO**
Ministério da Agricultura	Pronatec Agro	Agricultores e familiares, jovens da área rural, trabalhadores rurais, técnicos do setor agropecuário recém-formados, estudantes de escolas técnicas e de ensino médio.
Secretaria da Educação Profissional e Tecnológica/ Secretaria do Ensino Superior	Pronatec Serviço Público	Servidores públicos das Instituições de Ensino Federal (docentes e Técnico-Administrativos em Educação).
Secretaria Nacional da Juventude	Pronatec Juventude Viva	Estudantes de ensino médio da rede pública, beneficiários do Seguro-Desemprego e inscritos em programas federais de transferência de renda.

Fonte: Extraídos dos documentos normativos das iniciativas do Pronatec.

A partir da definição das funções e da diversidade de instituições envolvidas na execução do Pronatec, é possível constatar a abrangência e, consequentemente, a complexidade do processo de gestão do Programa. Tal fato gera ambiguidades na interpretação do poder deliberativo dos conselhos e fóruns na relação com o poder exercido pelas instâncias de coordenação e financiamento, assim como nas relações com e entre os demandantes e ofertantes. Ademais, deve-se considerar que não existe no país uma tradição de planejamento intersetorial, sendo mais comum a evidência de concorrência entre os setores governamentais e, ainda, entre estes e a iniciativa privada.

No que tange à organização da oferta, assim como todos os demais cursos técnicos de nível médio, oferecidos pela rede pública e privada, aqueles desenvolvidos pelo Pronatec também foram subordinados às orientações contidas no Catálogo Nacional de Cursos Técnicos de Nível Médio, onde estão definidas a carga horária mínima para cada curso, além de trazer um breve descritor por curso, indicar possibilidades de temas a serem abordados e as áreas de atuação dos profissionais formados, bem como recomendar a infraestrutura para a implantação dos cursos (BRASIL.MEC.CNE, 2008).

Da mesma forma, na indução de um referencial comum às denominações dos cursos de formação inicial e continuada ou qualificação profissional do Pronatec, instituiu-se o Guia Pronatec de Cursos de FIC, elaborado pela Setec/MEC, que disponibilizou no sítio eletrônico oficial do MEC a apresentação de infraestrutura recomendável, a escolaridade mínima e a carga horária não menor que 160 horas (BRASIL.MEC, 2011).

O controle da execução do Pronatec foi desenvolvido de forma centralizada pelo MEC, por meio do Sistema Nacional de Informações da Educação Profissional e Tecnológica (Sistec), onde era feito o registro, controle e avaliação eletrônica da produção do Programa. Um sistema informatizado do Governo Federal, que conforme o Manual de Operação do Sistec (Bolsa-Formação Estudante e Bolsa-Formação Trabalhador), teve o objetivo de promover mecanismos de registro e controle dos dados da educação profissional e tecnológica no país (BRASIL.MEC.SETEC, 2012).

Além do controle eletrônico, a Setec/MEC desenvolveu, desde 2012, o acompanhamento e monitoramento de programas de EPT, com visitas *in loco*, desenvolvidas por avaliadores selecionados por editais públicos e participantes de capacitação, os quais compunham o Banco de Avaliadores Especialistas em Educação Profissional e Tecnológica para o Sistema de Monitoramento e Avaliação de Programas da Setec/MEC. Considerando que a oferta dos cursos Pronatec Bolsa-Formação alcançou mais de 3.000

municípios, foi determinado pela Setec/MEC que até ser possível concluir a visita inicial a todas as unidades ofertantes, o processo de acompanhamento e monitoramento ocorreria por meio de agendamento das visitas, a partir de uma amostragem definida por critérios preestabelecidos[10] (BRASIL.MEC.SETEC, 2014).

A fiscalização da execução do Programa foi atribuída ao Tribunal de Contas da União (TCU) e a Controladoria Geral da União (CGU), que a desenvolveu por meio de auditorias presenciais e sobre os processos regulares da Setec/MEC, tendo como base a análise do Relatório de Gestão anual dessa unidade, que por sua vez foi elaborado de acordo com as disposições das Instruções Normativas, das Decisões Normativas e Portarias dos referidos órgãos fiscalizadores.

No Relatório de Gestão da Setec/MEC, exercício de 2013, podem ser reconhecidas as metas nacionais de cada iniciativa do Pronatec e também visualizadas as vagas ofertadas desde o início da execução do Programa até o ano de 2014, os quais estão apresentados no Quadro 4.

Quadro 4: Vagas ofertadas por meio do Pronatec, de 2011 a 2014

CURSOS TÉCNICOS		2011	2012	2013	2014	TOTAL
Bolsa-Formação	Previsto	9.415	99.149	151.313	151.313	411.190
	Realizado	0	101.541	304.966	---	406.507
Brasil Profissionalizado	Previsto	33.295	90.563	172.321	233.781	529.960
	Realizado	82.823	79.770	70.355	---	232.948
E-Tec	Previsto	74.000	150.000	200.000	250.000	674.000
	Realizado	75.364	134.341	137.012	---	346.717

continua...

---

10   Os critérios de definição das visitas levaram em conta probabilidades matemáticas, tais como considerações sobre o número de alunos atendidos em cursos ofertados no âmbito do Pronatec, em municípios com mais de cem mil habitantes, e também prioridades indicadas pelo monitoramento de rotina.

continuação

Acordo Sistema S	Previsto	56.416	76.119	110.545	161.389	404.469
	Realizado	85.357	102.807	132.289	---	320.453
Rede Federal de EPT	Previsto	72.000	79.560	90.360	101.160	343.080
	Realizado	117.621	119.274	121.958	---	358.853
CURSOS FIC		2011	2012	2013	2014	TOTAL
Bolsa-Formação	Previsto	226.421	590.937	743.717	1.013.027	2.574.102
	Realizado	22.876	531.101	1.243.047	---	1.797.024
Acordo Sistema S	Previsto	421.723	570.020	821.965	1.194.266	3.007.974
	Realizado	582.931	733.223	844.581		2.160.735
TOTAL de vagas (técnico + FIC)		966.972	1.802.057	2.854.208	3.104.936	5.922.869

Fonte: Relatório de Gestão Setec/MEC, exercício 2013.

Apesar de haver um erro na soma do total de vagas ofertadas (técnico + FIC), ainda se pode atestar a prioridade do programa no desenvolvimento de cursos FIC, visto essa modalidade ser responsável por mais de 70% do número de vagas ofertadas. Aprofundando a análise do referido Relatório verifica-se ainda que no que se refere à participação relativa na oferta de vagas na ação Bolsa-Formação em 2013 pelas redes de ofertante, há uma concentração do maior volume de vagas na rede do Sistema S, o que também foi registrado nos anos de 2011 e 2012. Além disso, encontra-se também registrado o crescimento quanto à oferta por parte da Rede de Instituições Privadas, pelo que se conclui que mais de 80% da oferta foi direcionada para a iniciativa privada e apenas menos de 20% pela iniciativa pública.

Esses dados estatísticos refletem os preceitos e orientações neoliberais absorvidos pela política pública educacional brasileira, em especial aqueles relacionados com as reformas fundadas nos imperativos financeiros, apresentados no capítulo II, as quais incentivam a privatização da educação e a redução dos custos por alunos em todos os níveis de ensino, influenciando a oferta de cursos de curta duração para a adaptabilidade às flutuações do mercado e ao trabalho precário.

Outra informação relevante para a caracterização da concepção de EPT do Pronatec, encontrada no Relatório de Gestão da Setec/MEC, exercício de 2013, foi o percentual de participação de cada demandante, considerando o número de matrículas realizadas a partir do seu esforço de pré-matrículas, ou seja, o encaminhamento de beneficiários para os cursos. Tais informações demonstram que mesmo havendo uma diversidade de órgãos demandantes, os encaminhamentos concentraram-se no Ministério do Desenvolvimento Social com um percentual correspondente a 40,9% e as Secretarias Estaduais de Educação com 20,2%. Essas evidências ratificam que o Programa teve maior atuação nas modalidades de demanda Pronatec Brasil sem Miséria (cursos FIC), conjuntamente com a modalidade Pronatec Jovem FIC, ou seja, cursos com no mínimo 160 horas, focados na construção de competências técnicas e aplicação imediata, num processo de formação utilitária e pragmática.

A relação dessas informações com a concepção de EPT assumida pelo Programa, pode ser melhor compreendida por meio do resgate da análise feita no capítulo I desse livro, onde foi tratada a relação inversamente proporcional entre qualificação profissional e oportunidade de colocação e mobilização no mercado de trabalho. Ou seja, quanto maior a qualificação profissional, menores as oportunidades de colocação no mercado de trabalho, porém seu alcance traz maior rendimento. Por outro lado, quanto menor a qualificação profissional, maiores as opções de colocação no mercado de trabalho, porém com baixíssima remuneração. Ao seguir essa lógica, cabe à política pública de EPT promover uma diversidade de níveis de formação profissional entre a força de trabalho, correspondendo a ofertas de vagas de acordo com o volume das demandas do mercado em regime de acumulação flexível.

O processo de adesão e implementação do Pronatec também gerou movimentos oposicionistas, muitos deles advindos de movimentos organizados de trabalhadores e intelectuais, que manifestavam suas reações contrárias ao defenderem princípios de gestão democrática, autonomia e o projeto de escola unitária ou politécnica. Por exemplo, no documento denominado de "Carta do Sinasefe: Repúdio ao Pronatec" encontram-se declarados os motivos pelos quais os trabalhadores da educação básica federal, representados pelo Sinasefe, eram contrários ao Pronatec, entre os quais se destacam: a) por ter sido elaborado dentro dos gabinetes; b) por fortalecer a lógica de privatização do público; c) por fortalecer o ensino privado em detrimento do público; d) devido ao caráter eleitoreiro; e) pela rapidez e tecnicismo que marcam a oferta dos cursos; f) pela precarização das relações e das condições de trabalho dos servidores públicos dos Institutos Federais; g) pela sobrecarga de trabalho dos servidores e das servidoras, precarizando a qualidade do ensino e o atendimento aos estudantes, comprometendo o processo educativo; h) por não ser capaz de oferecer à população jovem e adulta brasileira uma formação correspondente aos seus direitos de acesso à educação básica completa, de qualidade, não apenas gratuita, mas efetivamente pública e; i) pela postura do Governo Federal em incentivar uma "oferta compulsória" do Pronatec pelos Institutos Federais, atrelando-a aos recursos destinados aos cursos regulares (SINASEFE, 2014).

Outra manifestação bastante significativa foi promovida pela Confederação Nacional dos Trabalhadores em Estabelecimentos de Ensino (Contee) que ajuizou junto ao Supremo Tribunal Federal (STF) uma Ação Direta de Inconstitucionalidade (ADI), referente à Lei nº.

12.513/2011. Na ação foi defendida que o conteúdo dos Arts. 20, 20-A e 20-B da referida Lei, trata-se de um ato invasivo à competência dos sistemas estaduais de ensino, assegurada pela Constituição da República. Desse modo, ocorreria um desrespeitado ao pacto federativo e ao regime de colaboração entre os entes federados, pois a União não organiza o ensino médio, nem se responsabiliza pela sua oferta, seja o propedêutico, em sentido estrito, seja o técnico profissional, cabendo fazê-lo os sistemas estaduais. Contudo, o STF não julgou o mérito da ação, desconhecendo-a e arquivando-a, por julgá-la indevida, visto que a autora (Contee), que se qualificava como entidade sindical de terceiro grau, não dispunha de registro sindical em órgão estatal competente, fator que gerou a descaracterização da qualidade da instituição para agir em sede de fiscalização abstrata, condição prévia da ADI (CONTEE, 2013).

Além disso, registraram-se também durante a 35ª e a 36ª Reuniões Nacionais da Anped, moções dirigidas ao MEC e à Casa Civil da Presidência da República, referente à posição contrária ao Pronatec, propondo a revisão do conteúdo da Lei que o instituiu, considerando as questões já expressas na moção aprovada na 34ª Reunião e acrescentando que o Programa atende à demanda social efetivamente existente, porém por meio de ações que reafirmam algo recorrente na política educacional brasileira: a cada vez que se amplia a oferta, faz-se de forma desqualificada e privatista (ANPED, 2012, ANPED, 2013). Nessa moção nº 8, aprovada na 36ª Reunião da Anped, ainda se destaca que:

> O Pronatec constitui uma regressão, um retrocesso ao que a nação poderia esperar de um governo que foi longa e duramente construído em lutas históricas da sociedade brasileira com expectativas democráticas e populares e de superação das desigualdades sociais, econômicas e educacionais. Por fim, o Pronatec caracteriza-se como um arranjo, um remendo, uma ação de governo demasiadamente menor do que os estudantes adolescentes, jovens

e adultos trabalhadores merecem, do que as condições econômicas atuais do país permitem, do que as nossas escolas historicamente qualificadas como CEFETs e IFs podem oferecer à sociedade e do que os seus professores são pedagogicamente e educacionalmente capazes de produzir (ANPED, 2013).

As manifestações contrárias declaradas durante a implementação do Pronatec, em sua maioria chamam atenção para questões que desde o processo de sua elaboração e tramitação no Congresso Nacional já vinham sendo alertadas e encaminhadas propostas de reformulação, porém não foram levadas em consideração pelo poder executivo e pelos legisladores. Assim, pode-se atestar o caráter autoritário do Estado na manutenção de suas proposições e defesa dos interesses econômicos, articulados ao ideário neoliberal e ao desenvolvimento do capitalismo, difundidos pelos relatórios, documentos, tratados, projetos e programas de investimento originários dos organismos internacionais. Tais manifestações caracterizam-se pelo valor político e poder de resistência contra hegemônica da sociedade civil organizada.

Desde sua implantação, o Pronatec dispôs de um considerável espaço na divulgação das ações do Governo Federal, sendo ressaltado sempre que possível sua correspondência às necessidades de desenvolvimento do país e seu suposto caráter inclusivo, considerando que, em tese, oportunizaria aos jovens e trabalhadores o preparo necessário para a sua melhor colocação no mercado de trabalho.

A valorização oficial do Programa atestou-se pela constante presença de membros da cúpula do governo – até mesmo da Presidente da República – nos eventos de certificação de alunos por todo o país. A ênfase dada às ações do Pronatec fez com que a Presidente Dilma Rousseff, oito meses antes do final do período estabelecido para o cumprimento das metas do Programa, já anunciasse durante o seu discurso na cerimônia de formatura de 1,2 mil alunos de 18 cidades cuiabanas, a criação da segunda etapa do Pronatec, antecipando que a próxima meta seria a oferta de 12 milhões de vagas (CHAGAS, 2014).

Mais que informações pontuais e fenômenos isolados e circunstanciais do processo de elaboração e implantação da política pública configurada no Pronatec, o conteúdo apresentado até aqui deve ser interpretado como catalisador do reconhecimento da concepção de EPT. Assim, compreendendo que tal concepção reflete as influências que o mundo do trabalho e a educação vem sofrendo com a nova reestruturação produtiva do capital, é dada continuidade à sua análise, a partir do estudo sobre a categoria Educação Profissional e Tecnológica, contida na base normativa da iniciativa Pronatec Bolsa-Formação.

A EPT desenvolvida pelo Pronatec Bolsa-Formação, conforme sua base normativa

Considerando a base normativa do Pronatec, em especial referente à iniciativa Bolsa-Formação, foram feitas análises sobre os aspectos que revelam a concepção de Educação Profissional e Tecnológica e direcionam o desenvolvimento do Programa. Tal iniciativa torna-se relevante em razão da força coercitiva das normas na conquista de uma adesão institucional e aceitabilidade social. Para tanto, foram utilizados dois documentos normativos:

a) Lei nº 12.513, de 26 de outubro de 2011, que instituiu o Programa Nacional de Acesso ao Ensino Técnico e Emprego (Pronatec)
b) Portaria MEC Nº 168, de 7 de março de 2013, que dispôs sobre a oferta da Bolsa-Formação no âmbito do Programa Nacional de Acesso ao Ensino Técnico e Emprego - Pronatec.

A análise qualitativa desses documentos para captar a concepção de EPT do Pronatec, particularmente da Bolsa-Formação, tornou-se difícil devido a maior parte do texto ser reservada aos aspectos operacionais do Programa. Contudo, num esforço de interpretação, foi possível identificar expressões e apreender sentidos relacionados a sua concepção, com visibilidade de alguns elementos induzidos pelo movimento reformista de EPT, desde os anos 80 do século XX. Durante o processo de análise manteve-se a atenção sobre as ambiguidades e contradições contidas na legislação, principalmente aquelas reconhecidas pelas forças de resistência nos embates sociais, que se manifestam de forma contrária aos preceitos do modo de produção capitalista que influenciam as políticas públicas.

No entanto, no processo de análise dessa política pública também foi considerado o atual dilema do Estado capitalista frente ao desenvolvimento tecnológico da produção, necessitando assumir uma concepção de EPT que favoreça a qualificação profissional demandada pela especialização flexível, tais como a elevação da escolaridade e a polivalência, no intuito de assim ampliar seu capital intelectual e obter vantagens competitivas. Porém, contraditoriamente, convive com os ideais neoliberais do mesmo sistema – propriedade privada de bens materiais e imateriais, apropriação privada do conhecimento científico, redução dos direitos sociais, exploração da mais valia etc., – que levantam barreiras ao desenvolvimento da soberania nacional, à inserção do país no capitalismo mundial e à inclusão social de todos os segmentos populacionais, garantindo-lhes formação cultural. Pelo que descreve Rodrigues (2005):

> Enfim, a sociedade contemporânea encontra-se diante do seguinte e crescente dilema: por um lado, crescem as possibilidades materiais para a dilatação do reino da liberdade; por outro, diminuem os direitos sociais, ampliando o reino da necessidade (RODRIGUES, 2005, p. 278).

Numa perspectiva de apresentação didática das informações levantadas na legislação selecionada, organizaram-se quadros contendo aspectos referentes aos propósitos, estrutura, articulações, beneficiários, atores institucionais, financiamento e avaliação do Pronatec Bolsa-Formação. Neles foram descritas as ênfases dadas a esses elementos e suas respectivas referências na legislação, que em seguida são analisadas. No Quadro 5 estão dispostas as informações sobre os propósitos da EPT no Pronatec Bolsa-Formação, assim como as indicações de localização na legislação.

A CONCEPÇÃO DE EDUCAÇÃO PROFISSIONAL CONTIDA NA BASE
NORMATIVA E NA OBJETIVAÇÃO DO PRONATEC BOLSA-FORMAÇÃO

Quadro 5: Objetivos da EPT no Pronatec Bolsa-Formação

Pronatec – Lei n° 12.513/2011	Bolsa-Formação - Portaria n° 168, de 7 de março de 2013
Objetivos do Pronatec (art. 1°): - expandir, interiorizar e democratizar a oferta de cursos de educação profissional técnica de nível médio presencial e a distância e de cursos e programas de formação inicial e continuada ou qualificação profissional; - fomentar e apoiar a expansão da rede física de atendimento da educação profissional e tecnológica; - contribuir para a melhoria da qualidade do ensino médio público, por meio da articulação com a educação profissional; - ampliar as oportunidades educacionais dos trabalhadores, por meio do incremento da formação e qualificação profissional; - estimular a difusão de recursos pedagógicos para apoiar a oferta de cursos de educação profissional e tecnológica. - estimular a articulação entre a política de educação profissional e tecnológica e as políticas de geração de trabalho, emprego e renda. (Incluído pela Lei n° 12.816, de 2013). (BRASIL, 2011).	Objetivos da Bolsa-Formação (art. 2°): - potencializar a capacidade de oferta de cursos das redes de educação profissional e tecnológica para: - ampliar e diversificar a oferta de educação profissional e tecnológica gratuita no País; - integrar programas, projetos e ações de formação profissional e tecnológica; e - democratizar as formas de acesso à educação profissional e tecnológica para públicos diversos. Objetivos e características da Bolsa-Formação Estudante (art. 17): - desenvolver formação profissional para atender às demandas do setor produtivo e do desenvolvimento socioeconômico e ambiental do País; - contribuir para a melhoria da qualidade do ensino médio público, por meio da articulação com a educação profissional; - e ampliar e diversificar as oportunidades educacionais aos estudantes, por meio do incremento da formação técnica de nível médio. Objetivos e características da Bolsa-Formação Trabalhador (art. 38): - formar profissionais para atender às demandas do setor produtivo e do desenvolvimento socioeconômico e ambiental do País; - ampliar as oportunidades educacionais por meio da educação profissional e tecnológica com a oferta de cursos de formação profissional inicial e continuada; - incentivar a elevação de escolaridade; e - integrar ações entre órgãos e entidades da administração pública federal e entes federados para a ampliação da educação profissional e tecnológica.

Fonte: Lei 12.513/2011 Art 17; Portaria MEC N° 168/2013.

Com base nessas informações, é possível apreender ambiguidades e contradições nos objetivos do Pronatec Bolsa-Formação. Observa-se aqui certa intencionalidade de associar a melhoria da qualidade do ensino médio público com sua articulação à educação profissional e tecnológica, que a priori parece superar a concepção tecnicista de autossuficiência da EPT, que no Brasil dos anos 70 do século XX sustentou à educação profissional compulsória e sobrepondo-a ao ensino médio propedêutico.

Vale observar ainda, que a perspectiva de qualificar o ensino médio por meio de sua articulação com a educação profissional, pressupõe que a EPT já se encontra suficientemente qualificada. Assim, considerando a reforma da educação profissional, deflagrada desde a LDB 9.394/96 e desenvolvida pelos decretos, diretrizes e outros instrumentos normativos sequencialmente instaurados, pode-se compreender que a qualificação dessa modalidade se deu pela incorporação da pedagogia das competências. E, dessa forma, o ensino médio melhorará sua qualificação ao articular-se e, por consequência, assumir os fundamentos, pressupostos, objetivos e procedimentos de uma EPT focada na construção de competências.

Contudo, a eficácia da concepção de EPT correspondente ao modelo de gestão por competências, ainda está por ser considerada a solução para a qualificação profissional, requerida pelo modelo de produção por acumulação flexível, haja vista as inúmeras manifestações dos empregadores, quanto à baixa qualificação ou à total desqualificação da mão de obra, para assumir os empregos ofertados na perspectiva de acumulação flexível da atual estrutura do mercado de trabalho.

Pela ótica da articulação entre ensino médio e a EPT, tornar-se-ia menos nocivo tratá-la como uma forma de articulação mútua, que promoveria a qualificação recíproca de ambas modalidades. As exigências demandadas pela especialização flexível, de acordo com Rodrigues (2005), confirmam a opinião de Marx sobre as consequências do maquinismo e da grande indústria sobre o futuro do trabalho, sustentando a sua proposta de educação politécnica, que concebe a integração do ensino médio e ensino profissional como o mais promissor caminho a ser seguido. A politecnia considera a inexistência de uma relação hierárquica entre as modalidades propedêutica e profissional, mas sim de complementariedade, que contribui para uma formação omnilateral do ser, com a compreensão do trabalho como parte de sua condição humana.

Ainda como parte dos propósitos do Pronatec, evidencia-se o apoio técnico à execução de ações de EPT, em especial através da difusão de recursos pedagógicos utilizados na oferta de cursos. Tal propósito encontra limitação no objetivo do Programa, que pretende submeter o planejamento das ações ao critério de atendimento às demandas do setor produtivo e do desenvolvimento socioeconômico e ambiental do país. O que prescreve uma educação de caráter condutivista do comportamento humano e funcionalista de sociedade, que em nada se distancia dos objetivos do ensino vinculado aos padrões taylorista-fordistas de produção.

Pela legislação do Pronatec, pretende-se elevar a escolaridade do trabalhador, em articulação com a educação de jovens e adultos. E, ainda, almeja-se o crescimento da oportunidade educacional dos trabalhadores e estudantes. Esses objetivos seriam supostamente alcançados por meio da democratização das formas de acesso à EPT, com a integração de programas, projetos e ações de formação profissional, desenvolvidos de forma dispersa pelo Governo Federal.

Mesmo não sendo garantido o aumento das oportunidades educacionais, por ser um Programa de integração das ações já existentes, essa convergência de programas, projetos e ações de formação profissional em âmbito federal não deixa de facilitar a criação de uma unidade da concepção de EPT e o redirecionamento da finalidade educativa. Todavia, por outro lado, essa medida também reduz a possibilidade do uso desse recurso público para o desenvolvimento de práticas alternativas, diferentes da concepção de EPT assumida pelo Programa, tais como aquelas defendidas por alguns setores governamentais, sindicatos, associações e outras formas de organização da sociedade civil.

As normativas legais do Pronatec estabelecem que suas ações devem se concretizar por meio de modalidades e tipos de cursos (vide Quadro 6), os quais correspondem às diretrizes nacionais, compondo sua concepção de EPT.

Quadro 6: Modalidades de EPT no Pronatec

Pronatec – Lei nº 12.513/2011	Bolsa-Formação – Portaria MEC nº 168, de 7 de março de 2013
Modalidades de educação profissional e tecnológica: a) Bolsa-Formação Estudante; e b) Bolsa-Formação Trabalhador. Bolsa-formação - custo total do curso por estudante (mensalidades e demais encargos educacionais, incluindo custeio de transporte e alimentação odo beneficiário); - valor da bolsa considerará os eixos tecnológicos, o tipo do curso, a carga horária e a infraestrutura para a oferta. Tipos de cursos: a) de formação inicial e continuada ou qualificação profissional com carga horária mínima de 160 horas b) de educação profissional técnica de nível médio; c) de formação de professores em nível médio na modalidade normal. (Este último foi incluído pela Lei nº 12.863, de 2013).	Modalidades de educação profissional e tecnológica: Bolsa-Formação Estudante, para oferta de cursos de educação profissional técnica de nível médio, doravante denominados cursos técnicos; e Bolsa-Formação Trabalhador, para oferta de cursos de formação inicial e continuada ou qualificação profissional, doravante denominados cursos FIC. Tipos de cursos: a) de formação inicial e continuada – Bolsa-Formação Trabalhador; b) de educação profissional técnica de nível médio – Bolsa-Formação Estudante. Forma de oferta Bolsa-Formação Estudante: - cursos de educação profissional técnica de nível médio: a) na forma concomitante, para estudantes em idade própria; b) na forma concomitante ou integrada, na modalidade educação de jovens e adultos; e c) na forma subsequente para aqueles que concluíram o ensino médio em escolas públicas ou com bolsa integral em instituições privadas.

Fonte: Lei 12.513/2011 Art 17; Portaria MEC Nº 168/2013.

Dois tipos de cursos do Pronatec Bolsa-Formação chamam atenção pela sua inclusão na tipologia comum à EPT, tais como, os cursos em nível médio para a formação de professores na modalidade normal (introduzido posteriormente pela Lei nº 12.863/2013) e os cursos correlatos ao Programa Aprendizagem.

A formação de professores em nível médio na modalidade normal foi quase extinta, passando ser recomendada e valorizada a formação em nível superior, até mesmo para professores da educação infantil. O resgate da formação em nível médio deu-se por meio do ProInfantil, programa desenvolvido pelo MEC em parceria com as administrações estaduais e municipais por meio de curso em nível médio, a distância, na modalidade normal, destinado aos profissionais que atuam em sala de aula da educação infantil, nas creches e pré-escolas das redes públicas e da rede privada, sem fins lucrativos. Acredita-se que a incorporação dessa formação à tipologia do Pronatec teve o objetivo de aumentar sua produtividade e resultados do ProInfantil.

Quanto aos cursos relacionados com o Programa Aprendizagem, conforme a legislação, tratam-se daqueles oriundos de contratos com aprendizes, firmados pelas administrações públicas ou por empresas que não contribuem compulsoriamente com os Serviços Nacionais de Aprendizagem (Sistema S), para o cumprimento de suas obrigações legais, fiscalizada pelo MTE. Enfim, com essa incorporação dos Programas de Aprendizagem ao Pronatec o Governo Federal atribui às despesas públicas o cumprimento de suas cotas de formação de aprendizes. Porém, chama a atenção o fato de também dispor-se a assumir as despesas com essa formação dos aprendizes em empresas privadas que, segundo a Lei da Aprendizagem, são responsáveis por arcar com toda a despesa, seja por via dos Serviços Nacionais de Aprendizagem, ao qual contribuem compulsoriamente, ou pelo pagamento desse serviço a qualquer instituição promotora dessa ação educativa.

A diversidade da tipologia e das ações do Pronatec Bolsa-Formação foi condensada, em sua legislação, na forma de duas modalidades: Bolsa-Formação estudante e Bolsa-Formação trabalhador. A primeira refere-se aos cursos técnicos, com no mínimo 800 (oitocentas) horas e a segunda diz respeito aos cursos FIC, com no mínimo 160 (cento e sessenta) horas, ambos com possibilidade de extensão de até 50% da respectiva carga horária mínima. Também, faz parte dessa estrutura do Pronatec a condição de terminalidade, com certificação intermediária dos cursos técnicos, destinada à qualificação e a possiblidade de aproveitamento de estudos e experiências profissionais para avanço no currículo ou conclusão dos cursos.

Esse processo de formação profissional, por meio da diversidade de tipos e modalidades e pela fragmentação curricular, assume uma concepção de EPT que pressupõe, conforme afirmam Ciavatta e Ramos (2011), que o trabalhador assim formado seria capaz de renovar permanentemente suas competências, por diversas oportunidades, inclusive em cursos de currículos flexíveis.

As modalidades da iniciativa Bolsa-Formação do Pronatec – Trabalhador e Estudante – correspondem à concepção de EPT demandada pela lógica do mercado de trabalho na acumulação flexível, em que há demandas diferenciadas e desiguais de qualificação profissional. Conforme Kuenzer (2011), os arranjos do mercado são definidos pelo consumo da força de trabalho necessária e não a partir da qualificação e adaptabilidade do trabalhador, o que favorece a compreensão da dualidade estrutural do modelo de produção que influencia a concepção de EPT.

Assim, é estabelecido de um lado o desenvolvimento de uma formação aligeirada, com foco em competências técnicas e conhecimentos tácitos, para atuação em atividades laborais de natureza simples e de baixa qualificação.

E, de outro lado, o desenvolvimento de uma formação um pouco mais complexa, para a construção de competências tecnológicas e conhecimentos científicos, direcionada para atividades que exigem nível mais elevado de escolarização e qualificação profissional.

Enfim, como esclarece Kuenzer (2011), a necessidade de elevação dos níveis de conhecimento e da capacidade de trabalhar intelectualmente, argumento que compõe o atual discurso sobre a educação, requer em última análise a garantia da disponibilidade de profissionais com diversos níveis de qualificação, para que nos tempos e espaços necessários sejam utilizados na produção flexível. Dessa forma, a concepção de EPT do Pronatec, em especial da iniciativa Bolsa-Formação, é reconhecida por se direcionar ao atendimento dos interesses do mercado, que se materializa na promoção de ações educativas de diferentes níveis e modalidades, restando aos indivíduos acessá-las para adquirir sua formação profissional e assim garantir sua aderência às dinâmicas e flexíveis necessidades do setor produtivo.

Destaca-se, ainda, a inexistência da estruturação dos cursos ofertados em itinerários formativos – organização sequenciada da oferta dos cursos, disponibilizando um caminho a ser percorrido pelo beneficiário. O que diminui a possibilidade da agregação de competências, que favoreçam a requalificação em níveis cada vez mais elevados, aumentando assim a condição de permanência e mobilidade no mercado de trabalho.

O Pronatec Bolsa-Formação, em sua legislação, considera ser essencial que a EPT se articule com outras políticas públicas, como exposto no Quadro 7 e analisado a seguir.

Quadro 7: Indicações do Pronatec Bolsa-Formação quanto às articulações da EPT

DESCRIÇÃO	REFERÊNCIA
Articulação entre política de educação profissional e tecnológica e as políticas de geração de trabalho, emprego e renda (Sistema Nacional de Emprego do Ministério do Trabalho e Emprego)	Lei 12.513/11 Art 1, inciso VI Lei 12.513/11 Art 4, inciso IX
Articulação com o Programa Nacional de Inclusão de Jovens (Projovem)	Lei 12.513/11 Art 4, inciso X
A União poderá condicionar o recebimento da assistência financeira do Programa de Seguro-Desemprego à comprovação da matrícula e da frequência do trabalhador segurado em curso de formação inicial e continuada ou qualificação profissional, com carga horária mínima de 160 (cento e sessenta) horas.	Lei 12.513/11 Art 14 "Lei 7.998/1990 Art 3 §1º"
Articulação entre Educação Profissional Técnica de Nível Médio e o Ensino Médio, nas formas Integrada, na modalidade EJA; Concomitante, na modalidade EJA e estudante em idade própria e Subsequente, para os concludentes do Ensino Médio	Portaria MEC Nº 168/13 Art. 5 §1º

Fonte: Lei 12.513/2011 Art 17; Portaria MEC Nº 168/2013.

No Pronatec Bolsa-Formação também recomendou a articulação entre a política de EPT e as políticas de geração de trabalho, emprego e renda, desenvolvida por via da intermediação feita pelo Sistema Nacional de Emprego do MTE, que tem o objetivo de aproximar o profissional qualificado pelo Programa de sua colocação no mercado de trabalho. Como órgão demandante do Pronatec Bolsa-Formação, ainda coube ao MTE retroalimentar o Programa, por meio do encaminhamento dos trabalhadores excluídos do mercado de trabalho, mediante o condicionamento da aprovação do seu pedido de Seguro-Desemprego à comprovação de sua matrícula e frequência em curso FIC.

O Pronatec Bolsa-Formação também recomendou a articulação de cursos técnicos e o ensino médio nas formas: integrada, para a modalidade EJA; concomitante, tanto para estudantes da EJA, como também para estudante do ensino médio em idade correspondente e; subsequente, para os que já concluíram o ensino médio. Assim, foi sumariamente excluída do Programa a possibilidade de articulação sob a forma integrada para alunos do ensino médio regular. Essa exclusão delineia a concepção de EPT como alternativa de funcionalidade do ensino, ou seja, a estratégia de proporcionar uma suposta facilidade de ingresso no mercado de trabalho. Portanto, mais uma vez a integração do ensino médio e da EPT é desvalorizada, mesmo sendo indiscutivelmente reconhecida como a forma mais eficaz para a formação integral do ser humano.

Segundo Ciavatta e Ramos (2011), as dificuldades de implantação do ensino médio integrado, inicialmente são de ordem operacional e conceitual, porém na realidade expressam os limites estruturais impostos pela dualidade de classes, que se naturalizam na formação de um senso comum pressionado pelas necessidades materiais imediatas e pela descrença na eficiência dos setores públicos. Do ponto de vista governamental, não é difícil constatar que essa exclusão tem forte sustentação em fatores de ordem financeira, visto que o incremento do ensino médio integrado requer do Estado investimento em estrutura física e de pessoal das escolas públicas, além do aumento do custo médio por aluno. Essa condição torna-se contrária às prerrogativas financeiras da política pública educacional em vigor, que apregoa a democratização de acesso à educação, a partir da oferta com menores custos. Assim, compreende-se a prevalência da articulação da EPT com o ensino médio, a partir de formas que possibilitem sua terceirização, solução herdada do setor empresarial para a redução de custos operacionais, em tempos de flexibilidade da produção.

É importante ressaltar que o Governo Federal ao implantar o Pronatec trouxe para a gestão do MEC a oferta básica de EPT, até então desenvolvida pelo MTE, por meio do Plano Nacional de Qualificação, com recursos do FAT. Mais que uma simples transferência, esse movimento desencadeou uma série de ações do MEC no sentido de regulamentar os cursos do tipo FIC. Tal fato tornou possível certa unidade na concepção de EPT do Programa, incluindo a formação em cursos de curta duração, que passou a dividir a atenção do MEC dada à modalidade técnica. Nessa perspectiva, são reduzidos os custos por aluno e aumentado o volume da oferta de vagas, assim como diminuída a carga-horária média de formação dos participantes, acarretando baixa na média de qualificação profissional da população.

Percebe-se a aproximação entre a concepção de EPT assumida pelo Pronatec e a tese da qualificação absoluta e da desqualificação relativa, apresentada no capítulo I desse livro. Ou seja, suas ações em tese desencadeiam uma maior qualificação da população em termos absolutos, com a presença de pessoas com níveis mais elevados de qualificação; porém, a qualificação relativa, ou melhor, a qualificação média da população, estaria menor que a média de épocas anteriores, isso devido à atual relação entre o desenvolvimento científico e tecnológico e o tempo médio de formação por pessoa.

Na análise da legislação do Pronatec Bolsa-Formação também é possível identificar a concepção de EPT a partir da caracterização dos seus beneficiários, aqui apresentada no Quadro 8.

Quadro 8: Os beneficiários da EPT, segundo a base normativa do Pronatec Bolsa-Formação

DESCRIÇÃO	REFERÊNCIA
Prioridade de atendimento aos estudantes do ensino médio da rede pública, inclusive EJA; trabalhadores; beneficiários do programa federais de transferência de renda e; concludentes do ensino médio em escola da rede pública ou privada na condição de bolsista integral. Pessoas com deficiência; povos indígenas, comunidades quilombolas e outras comunidades tradicionais; adolescentes e jovens em cumprimento de medidas socioeducativas; mulheres responsáveis pela unidade familiar, beneficiárias de programas federais de transferência de renda	Lei 12.513/2011 Art 2
Os cursos FIC, por intermédio da Bolsa-Formação Trabalhador, serão destinados aos beneficiários com idade igual ou superior a 15 anos no ato da matrícula. E a escolaridade mínima para os cursos FIC está estabelecida no Guia Pronatec de Cursos FIC.	Portaria MEC Nº 168/2013 Art. 40
Consideram-se trabalhadores os empregados, trabalhadores domésticos, trabalhadores não remunerados, trabalhadores por conta própria, trabalhadores na construção para o próprio uso ou para o próprio consumo, de acordo com classificação do Instituto Brasileiro de Geografia e Estatística (IBGE), independentemente de exercerem ou não ocupação remunerada, ou de estarem ou não ocupados	Portaria MEC Nº 168/2013 Art. 3 §1º

Fonte: Lei 12.513/2011 Art 17; Portaria MEC Nº 168/2013

Ao relacionar essas informações com a estrutura das ações do Pronatec Bolsa-Formação, observa-se que predominantemente os beneficiários do Programa são atendidos por cursos FIC, com exceção dos alunos e egressos do ensino médio das escolas da rede pública ou bolsistas das escolas privadas, que são direcionados para cursos técnicos concomitantes e subsequentes. Os beneficiários atendidos por cursos FIC incluem os trabalhadores, os participantes dos programas federais de transferência de renda, as pessoas com deficiência, os povos indígenas, comunidades quilombolas ou outras comunidades tradicionais, além dos adolescentes e jovens em cumprimento de medidas socioeducativas. Conforme a legislação do Pronatec, os beneficiários intitulados trabalhadores são representados por empregados, trabalhadores domésticos, trabalhadores não remunerados, trabalhadores por conta-própria, trabalhadores da construção para o próprio uso ou para o próprio consumo, de acordo com classificação do Instituto Brasileiro de Geografia e Estatística (IBGE), independentemente de exercerem ou não ocupação remunerada ou de estarem ou não ocupados.

Observa-se que a concepção de EPT do Programa reproduz a dualidade classista que alimenta historicamente a educação profissional, uma vez que relega aos mais vulneráveis, com mais baixa escolaridade, o tipo de formação mais limitada, aplicada em alguns casos para a compensação de sua precária condição de subemprego ou desemprego. Por mais essa via, é reforçado o descompromisso dessa concepção de EPT com a transformação social e a superação das desigualdades que assolam a sociedade. Tal superação seria possível, conforme descreve Saviani (1989), na perspectiva da formação em nível médio, desenvolvida sob a concepção de uma educação politécnica, que proporciona a assimilação não apenas teórica, mas também prática dos princípios científicos que estão na base da organização moderna, com a articulação entre trabalho intelectual e trabalho manual, a partir do próprio trabalho social.

Ainda, segundo o autor, ao compreender como a ciência é produzida e o modo como a ciência se incorpora à produção, a pessoa adquire a compreensão de como a sociedade é constituída, qual a natureza do trabalho nessa sociedade e, portanto, qual o sentido das diferentes especialidades em que se divide o trabalho. Desse modo, as atividades específicas serão percebidas como fruto da divisão de tarefas, num processo de trabalho de domínio coletivo, no qual não é requerida uma formação específica, porque na maioria das vezes é adquirida em serviço.

Outra vertente da concepção de educação profissional dessa política pública encontra-se no envolvimento dos atores institucionais, conforme sugere a leitura do Quadro 9.

Quadro 9: Atores institucionais participantes do Pronatec Bolsa-Formação

DESCRIÇÃO	REFERÊNCIA
União, os Estados, o Distrito Federal e os Municípios em regime de colaboração, com a participação voluntária dos serviços nacionais de aprendizagem, de instituições privadas e públicas de ensino superior, de instituições de educação profissional e tecnológica e de fundações públicas de direito privado precipuamente dedicadas à educação profissional e tecnológica, habilitadas nos termos da Lei	Lei 12.513/2011 Art 3
Ministério de Educação com competência de habilitação de instituições para o desenvolvimento de atividades de educação profissional realizadas com recursos federais	Lei 12.513/2011 Art 18 Portaria MEC Nº 168/13 Art. 11
Conselho Deliberativo de Formação e Qualificação Profissional, com a atribuição de promover a articulação e avaliação dos programas voltados à formação e qualificação profissional no âmbito da administração pública federal.	Lei 12.513/2011 Art 17
Ministério da Educação (MEC) com atribuição de coordenação da implantação, acompanhamento, supervisão e avaliação	Portaria MEC Nº 168/2013 Art. 4
As secretarias estaduais e distrital de educação, os Ministérios e outros órgãos da Administração Pública Federal são agentes de implementação mediante adesão à Bolsa-Formação, na condição de demandantes.	Portaria MEC Nº 168/2013 Art. 8

Fonte: Lei 12.513/2011 Art 17; Portaria MEC Nº 168/2013

Esse Quadro evidencia uma concepção de gestão compartilhada, na qual se centraliza as decisões sobre finalidades, objetivos, diretrizes e formas de controle e se descentraliza a execução e outras responsabilidades, comumente presentes nas reformas neoliberais da educação brasileira.

O Pronatec teve sua organização estabelecida sob o suposto regime de colaboração entre a União, os Estados, o Distrito Federal e os Municípios. Assim, os agentes de implementação são as secretarias estaduais e distrital de educação, os Ministérios e outros órgãos da Administração Pública Federal.

A Rede Federal de Educação Profissional e Tecnológica tem atuação compulsória, sendo ainda prevista a participação voluntária das redes estaduais de EPT, dos serviços nacionais de aprendizagem, das instituições privadas e públicas de ensino superior, das instituições de educação profissional e tecnológica e das fundações públicas de direito privado – precipuamente dedicadas à EPT. No entanto, a coordenação, habilitação, implantação, acompanhamento, supervisão e avaliação do Programa são atribuídas exclusivamente ao Ministério da Educação.

Dessa forma, o Pronatec seguiu a direção dos impositivos da reforma educacional, ao descentralizar a execução, porém estabelecendo mecanismos para a centralização decisória e avaliativa do Programa. Para tanto, foi criado o Conselho Deliberativo de Formação Profissional e o Fórum Nacional de Apoio à Formação e Qualificação Profissional, ambos vinculado ao MEC, que conforme foi indicado anteriormente também é o órgão responsável pela coordenação do Programa.

Essa ausência de acompanhamento social define um isolamento deliberativo, que dificulta o acesso da sociedade civil aos processos construtivos e avaliativos da concepção de EPT assimilada no desenvolvimento do Programa. Desse modo, os representantes do governo público estadual e municipal, os órgãos de classe e os movimentos sindical e estudantil estão relegados a uma instância que tem apenas duas competências, segundo a Portaria MEC nº 471, de 03/06/2013, que regulamento o Fórum Nacional de Apoio à Formação e Qualificação Profissional: 1) subsidiar a atuação do Conselho Deliberativo de Formação Profissional no cumprimento de suas competências; 2) estimular a instituição de fóruns estaduais e distrital de apoio à formação e qualificação profissional, com a finalidade de promover a articulação, em cada unidade da Federação, de órgãos públicos e instituições privadas envolvidos na implementação de programas e ações de educação profissional e tecnológica. Enfim, ficam as atribuições deliberativas restritas a um conselho constituído de membros do Governo Federal.

Com as orientações sobre o financiamento da EPT, declaradas na legislação do Pronatec Bolsa-Formação e expressas aqui no Quadro 10, é possível fazer mais algumas inferências relativas à concepção da EPT.

Quadro 10: Determinações do Pronatec Bolsa-Formação quanto ao financiamento da EPT

DESCRIÇÃO	REFERÊNCIA
Financiamento da Educação Profissional e Tecnológica, através de transferência de recursos federais à rede federal, rede estadual, rede municipal, SNA, instituições privadas e sem fins lucrativos	Lei 12.513/2011 Art 4, inciso V Arts. 6º, 6 A Art. 8º
Despesas pelo FNDE, por solicitação da SETEC/MEC	Portaria MEC Nº 168/2013 Art. 8, inciso II Art. 69
Bolsa-Formação correspondente ao custo total do curso por estudante e ao custeio da assistência estudantil e dos insumos necessários para a participação nos cursos e, por opção do ofertante, seguro contra acidentes pessoais para os beneficiários. Para cursos na forma subsequente ofertados pelas instituições privadas, onde será concedida bolsa de estudo integral, não há previsão de assistência estudantil.	Portaria MEC Nº 168/2013 Art. 60, Art. 67 Art. 67 §3º

Fonte: Lei 12.513/2011 Art 17; Portaria MEC Nº 168/2013

Vale resgatar para essa análise, a defesa de alguns intelectuais e políticos sobre a criação do Fundo de Desenvolvimento da Educação Profissional (Fundep), em trâmite no Congresso Nacional por iniciativa do Senador Paulo Paim, do PT do Rio Grande do Sul, que foi tema presente na pauta de discussão da Conferência Nacional de Educação Profissional e Tecnológica, realizada em novembro de 2006, em Brasília. A proposta da criação do Fundep justificou-se pelo fato da educação profissional permanecer sem garantia e sem destinação de recursos próprios necessários para a sua realização, dependendo, anualmente, das dotações orçamentárias ou de programas especiais financiados por convênios internacionais, como o Proep. Sua consolidação se daria através da integração de recursos oriundos de políticas, programas e instituições públicas, privadas e paraestatais, que a partir de uma construção coletiva daria origem ao fundo específico de financiamento para a educação profissional, com gestão pública.

Entretanto, a aprovação do Fundep no Congresso Nacional ainda não foi possível, face à diversidade de interesses e projetos sociais em disputa. Como alternativa o Governo Federal optou por firmar acordo com os Serviços Nacionais de Aprendizagem para a concessão de vagas gratuitas, financiadas com recursos oriundos do recolhimento compulsório das empresas. E, posteriormente, implantou o Pronatec, a partir da conversão de diversos programas, projetos e ações de formação profissional de âmbito federal, passando a desenvolvê-los por meio da transferência de recursos para a rede federal e a rede privada de EPT.

Dessa forma, configura-se como a mais relevante influência das determinações financeira do Pronatec para a identificação de sua concepção de EPT, a transferência de dinheiro público para a rede privada, desenvolvendo-se uma relação contraditória entre o interesse público e o privado. Ao dividir o recurso disponível para a política pública de EPT, o Governo Federal postergou a solução dos problemas estruturais que dificultam a implantação de uma proposta de ensino médio integrado nas escolas públicas, demonstrando mais uma vez que essa forma de articulação entre o ensino médio e a EPT não lhe é prioridade.

Por essa via, o Governo Federal incrementou a mercantilização da oferta de EPT, já inicialmente promovida pela formação focada na necessidade do mercado. Passando a beneficiar duplamente a classe empresarial, em primeiro plano pela oferta de uma mão de obra mais qualificada, reduzindo os investimentos em capacitação e; em seguida pelo recebimento de recursos públicos para a execução de programas federais de formação profissional, seja por intermédio dos serviços nacionais de aprendizagem ou ainda diretamente às empresas do setor educacional.

As determinações contidas na legislação sobre a forma de avaliação do Pronatec Bolsa-Formação, apresentada no Quadro 11, também carregam em si muito da concepção de EPT do Programa.

Quadro 11: Determinações do Pronatec Bolsa-Formação quanto à avaliação da EPT

DESCRIÇÃO	REFERÊNCIA
Criação do Conselho Deliberativo de Formação e Qualificação Profissional, com a atribuição de promover a articulação e avaliação dos programas voltados à formação e qualificação profissional no âmbito da administração pública federal.	Lei 12.513/11 Art 17
Fiscalização da aplicação dos recursos repassados para execução da Bolsa-Formação sob a competência da SETEC/MEC, do FNDE, do Tribunal de Contas da União e do Sistema de Controle Interno do Poder Executivo Federal, mediante a realização de auditorias, inspeções e de análise dos processos que originarem as prestações de contas, observado o cronograma de acompanhamento estabelecido pelos órgãos fiscalizadores.	Portaria MEC Nº 168/13 Art. 66

Fonte: Lei 12.513/2011 Art 17; Portaria MEC Nº 168/2013.

A base normativa do Pronatec Bolsa-Formação trouxe muito claramente quais os órgãos responsáveis pela avaliação externa do Programa, indicando inclusive quais os aspectos a serem avaliados pelos órgãos de fiscalização. Porém, ao tratar sobre a avaliação a ser feita pelo Conselho Deliberativo de Formação e Qualificação Profissional, supostamente de caráter mais administrativo e pedagógico, não há nenhuma sinalização quanto aos seus objetivos, conteúdo e metodologia. Cabendo aqui uma preocupação sobre qualquer concepção de EPT que não considere a efetividade dos seus resultados, a repercussão histórica, cultural e social que suas ações trazem para a sociedade e para o desenvolvimento humano, limitando-se aos objetivos restritos ao atendimento das necessidades do mercado produtivo.

Conforme sugere Casali (2007), há no mínimo três âmbitos de valores a serem levados em consideração num processo de avaliação: os valores para o sujeito, para uma cultura e para a humanidade, sendo, portanto, a avaliação uma medida e uma referência de valores para algum ou alguns desses âmbitos. A expectativa é que as futuras análises advindas dos processos avaliativos do Pronatec, sejam externos, internos ou combinados, preconizem um processo de amadurecimento dessa política pública, no sentido de repercutir as necessidades de desenvolvimento humano, rumo a tempos de maior igualdade social.

Acredita-se, por fim, que as análises apresentadas sobre a base normativa do Pronatec Bolsa-Formação trouxeram à tona aspectos relevantes para subsidiar a compreensão sobre a sua concepção de EPT. Apesar da força regulatória dessa base normativa e do seu poder de induzir o conformismo dos atores institucionais, elas são reinterpretadas no processo de implementação em contextos históricos específicos. Nesse sentido, é essencial para a completa compreensão da concepção do Programa, que seja analisada a forma de objetivação do Programa em uma instituição pública, a fim de que sejam identificados componentes que repercutem, contradigam ou ainda complementem a concepção de EPT até agora identificada.

A EPT desenvolvida pelo Pronatec Bolsa-Formação numa instituição pública

Apesar do desenvolvimento do Pronatec Bolsa-Formação quantitativamente estar mais direcionado às instituições privadas, optou-se por conhecer sua oferta numa instituição pública, o Instituto Federal de Educação, Ciência e Tecnologia do Maranhão (Ifma), devido ao pressuposto de que a sua integração à rede federal favorece uma maior aproximação com a concepção de EPT do Programa, mas não deixando de admitir a possibilidade da existência de redefinições, ênfases e rumos. Para tanto, inicialmente serão feitas breves considerações sobre a Instituição, seguidas da descrição das evidências da execução do Programa e do esforço de sua interpretação.

O Instituto Federal de Educação, Ciência e Tecnologia do Maranhão

Como forma de compreender o contexto da criação dos IFETs, vale aqui relembrar que a iniciativa de estruturação da Rede Federal de Educação Profissional e Tecnológica faz parte de um processo deflagrado pela LDB 9.394/96, a chamada reforma da Educação Profissional, que recebeu forte impulso com a promulgação do Decreto n° 2.208/97 e com o convênio do Governo Federal e o BID para expansão da EPT. As medidas tomadas pelo Governo Federal, a partir de 2003, deram início à reestruturação das instituições federais de EPT, no sentido de também expandir verticalmente sua atuação, dando-lhes mais autonomia para a criação e implantação de cursos desde a Educação Básica à Educação Superior.

Diante da expansão e da verticalização da Rede Federal de EPT, assim como pela intenção de otimizar sua infraestrutura e seus recursos humanos, financeiros e de gestão, a proposta de criação dos IFETs foi incorporada ao PDE. Sendo apresentada pelo Governo Federal como modelo de reorganização das instituições, para que atuassem de forma integrada e referenciada regionalmente, evidenciando com grande nitidez os desejáveis enlaces entre educação sistêmica, desenvolvimento e territorialidade (BRASIL. MEC, 2008).

Consubstanciada por um discurso progressista e revolucionário as concepções e diretrizes dos IFETs tiveram o objetivo de colocar a EPT em maior destaque no seio da sociedade. Sendo declarado em documento oficial que essa modalidade da educação era fator estratégico para o desenvolvimento nacional e para o processo de inserção cidadã de milhões de brasileiros. E, portanto:

> Nesse contexto, o Instituto Federal aponta para um novo tipo de instituição identificada e comprometida com o projeto de sociedade em curso no país. [...] Trata-se, portanto, de uma estratégia de ação política e de transformação social. A intenção é superar a visão althusseriana de instituição escolar como mero aparelho ideológico do Estado, reprodutor dos valores da classe dominante, e refletir em seu interior os interesses contraditórios de uma sociedade de classes. Os Institutos Federais reservam aos protagonistas do processo educativo, além do incontestável papel de lidar com o conhecimento científico-tecnológico, uma práxis que revela os lugares ocupados pelo indivíduo no tecido social, que traz à tona as diferentes concepções ideológicas e assegura aos sujeitos as condições de interpretar essa sociedade e exercer sua cidadania na perspectiva de um país fundado na justiça, na equidade e na solidariedade (BRASIL.MEC.SETEC, 2010).

Mesmo contando com uma força tarefa do MEC, o processo de integração realizado por meio da adesão das instituições federais à nova organização e gestão da Rede Federal de EPT, não deixou de receber manifestações contrárias e resistências oriundas dos diversos contextos institucionais da Rede Federal. Conforme Otranto (2010) o processo de reorganização das instituições federais de EPT gerou uma diversidade de questões que definiram os motivos apresentados pelas instituições para a tomada de decisão a favor ou contra sua transformação em IFET. Dentre elas destacam-se à descaracterização da identidade das escolas; perspectivas de algumas Escolas Agrotécnicas de transformarem-se em CEFET; privilégio dado aos CEFETs, por incorporarem a reitoria; receio de que futuramente o nível médio fosse transferido para o governo estadual. A autora também destaca questões relativas à perspectiva de alguns CEFETs quanto à elevação ao nível de Universidade Tecnológica, como ocorrera com o CEFET-PR. Além de algumas escolas vinculadas às universidades não verem com bons olhos o fato de passarem a ser subordinadas ao CEFET, pelo receio quanto à continuidade do fluxo de recurso para a manutenção da Rede Federal de EPT.

Sobretudo, o mais relevante nesse processo centrou-se na discussão levantada sobre o empenho do Estado em consolidar uma rede de instituições de EPT, que pudesse garantir a diversificação da oferta alternativa do ensino superior, através da proposta de ensino, extensão e pesquisa aplicada. Além disso, colocava-se a necessidade da expansão da oferta de cursos profissionalizantes de nível técnico e de formação inicial, associados à demanda do mercado de trabalho e ao controle social, por meio da assistência e suplementação ao desemprego estrutural. Ou seja, a contradição entre o discurso transformador da proposta de reengenharia da Rede Federal e o caráter conservador de seus propósitos e aplicação, compromissados com a manutenção da hegemonia capitalista.

Nesse movimento reformista, o Instituto Federal de Educação, Ciência e Tecnologia do Maranhão (Ifma), com sede em São Luís, teve sua constituição a partir da Lei nº 11.892, de 29 de dezembro de 2008, com a adesão do Centro Federal de Educação Tecnológica do Maranhão (Cefet-MA) e das Escolas Agrotécnicas Federais de Codó, de São Luís e de São Raimundo das Mangabeiras. Passando a apresentar-se como uma instituição de ensino de natureza jurídica autárquica, vinculada ao Ministério de Educação, detentora de autonomia administrativa, patrimonial, financeira, didática pedagógica e disciplinar. Possuindo como finalidade formar e qualificar pessoas no âmbito da educação profissional e tecnológica, nos diferentes níveis e modalidades de ensino para os diversos setores da economia, bem como realizar pesquisa aplicada e promover o desenvolvimento tecnológico de novos processos, produtos e serviços em estreita articulação com os setores produtivos e a sociedade, especialmente de abrangência local e regional, oferecendo mecanismo para educação continuada. De acordo com a Lei nº 11.892/2008, os objetivos institucionais do Ifma são definidos como:

> I - ministrar educação profissional técnica de nível médio, prioritariamente na forma de cursos integrados, para os concluintes do ensino fundamental e para o público da educação de jovens e adultos;
> II - ministrar cursos de formação inicial e continuada de trabalhadores, objetivando a capacitação, o aperfeiçoamento, a especialização e a atualização de profissionais, em todos os níveis de escolaridade, nas áreas da educação profissional e tecnológica;
> III - realizar pesquisas aplicadas, estimulando o desenvolvimento de soluções técnicas e tecnológicas, estendendo seus benefícios à comunidade;
> IV - desenvolver atividades de extensão de acordo com os princípios e finalidades da educação profissional e tecnológica, em articulação com o mundo do trabalho e os segmentos sociais, e com ênfase na produção, desenvolvimento e difusão de conhecimentos científicos e tecnológicos;
> V - estimular e apoiar processos educativos que levem à geração de trabalho e renda e à emancipação do cidadão na perspectiva do desenvolvimento socioeconômico local e regional; e
> VI - ministrar em nível de educação superior:

a) cursos superiores de tecnologia visando à formação de profissionais para os diferentes setores da economia;
b) cursos de licenciatura, bem como programas especiais de formação pedagógica, com vistas na formação de professores para a educação básica, sobretudo nas áreas de ciências e matemática, e para a educação profissional;
c) cursos de bacharelado e engenharia, visando à formação de profissionais para os diferentes setores da economia e áreas do conhecimento;
d) cursos de pós-graduação lato sensu de aperfeiçoamento e especialização, visando à formação de especialistas nas diferentes áreas do conhecimento; e
e) cursos de pós-graduação stricto sensu de mestrado e doutorado, que contribuam para promover o estabelecimento de bases sólidas em educação, ciência e tecnologia, com vistas no processo de geração e inovação tecnológica (BRASIL, 2008c).

Na perspectiva de concretização de seus objetivos institucionais foi criada a seguinte estrutura: colegiados deliberativos e consultivos (Conselho Superior, Colégio de Dirigentes) e órgãos executivos (Reitoria, Pró-Reitorias, Diretorias, Auditoria Interna, Procuradoria Federal e Campi).

A estrutura educacional do Ifma compõe-se a partir de uma diversidade de unidades do tipo Campus, Núcleo Avançado, Centro de Vocação Tecnológica (CVT), Unidade de Educação Profissional (UEP), Polo de Educação a Distância e Polo do Pronera.

O Instituto foi organizado numa estrutura multicampi, de modo que cada campus pode oferecer cursos nas modalidades previstas em sua estrutura. Atualmente, no Maranhão, o Ifma dispõe de campus nos municípios de Açailândia, Alcântara, Bacabal, Barra do Corda, Barreirinhas, Buriticupu, Caxias, Codó, Coelho Neto, Grajaú, Imperatriz, Pedreiras, Pinheiro,

Santa Inês, São João dos Patos, São Luís (Centro Histórico, Maracanã e Monte Castelo), São Raimundo das Mangabeiras, Timon, Zé Doca. Ainda, estão previstos novos campi nos municípios Araioses, Itapecuru-Mirim, Presidente Dutra, São José de Ribamar e Viana.

Como forma de aumentar a capilaridade do Ifma, levando-o às regiões distantes geograficamente de seus campi, foram criados os Núcleos Avançados, que podem oferecer os mesmos cursos do campus ao qual se encontram vinculados. Atualmente, são mantidos Núcleos Avançados nos municípios de Bacabeira, Santa Rita e em São Luís (Itaqui-Bacanga).

Os Centros de Vocação Tecnológica são unidades de ensino e de profissionalização, que têm como foco a produção de conhecimentos e de tecnologias na área de vocação da região na qual estão instalados. São eles o CVT Aldeias Altas e o CVT Josias.

Para atender prioritariamente as ações que integram o Pronatec, demandadas para municípios que não dispõem de campus ou outro tipo de unidade do Ifma, foram criadas as Unidades de Educação Profissional especializada na oferta de ensino técnico, cursos de formação profissional continuada e de educação a distância, a exemplo da UEP Carolina; UEP Porto Franco e UEP Rosário.

No atendimento aos seus estudantes dos cursos desenvolvido em EAD, o Ifma ainda utiliza os Polos de Educação a Distância, nos quais são realizados os encontros presenciais. No caso dos alunos do Programa Nacional de Educação na Reforma Agrária, são disponibilizados os Polos do Pronera, que utilizam a pedagogia da alternância, intercalando um período de vivência do aluno na sala de aula do polo e outro na sua comunidade.

Várias modalidades de cursos são ofertadas pelo Ifma, tais como de formação inicial e continuada ou qualificação profissional; habilitação técnica de nível médio, nas formas integrada, concomitante e subsequente; superior, como bacharelados, licenciaturas e tecnológicos e; pós-graduação, como o Mestrado em Engenharia de Materiais, além de convênios com universidades para oferta de mestrados e doutorados interinstitucionais aos servidores.

Além das atividades desenvolvidas com orçamento próprio, o Ifma ainda desenvolve outros programas federais, tais como: Plano Nacional de Formação de Professores (Parfor); Programa Nacional de Educação na Reforma Agrária (Pronera) ; Programa de Apoio à Formação Superior em Licenciatura em Educação do Campo (Pronacampo); Rede e-Tec; Universidade Aberta do Brasil (UAB); Programa Mulheres Mil; Programa Nacional de Inclusão de Jovens (Projovem) e Programa Nacional de Acesso ao Ensino Técnico e ao Emprego (Pronatec).

Especificamente, o Parfor-Ifma tem por objetivo elevar o nível de formação dos professores da rede pública da educação básica, que não possuem nível superior, a partir de cursos como Licenciatura em Artes Visuais, Ciência Biológicas, Físicas, Matemática e Química. Com a parceria com o Instituto Nacional de Colonização e Reforma Agrária (INCRA), desenvolve o Pronera que tem o objetivo de ampliar os níveis de escolarização dos trabalhadores rurais assentados. Por meio do Pronacampo, oferece cursos de licenciatura em educação no campo para a formação de docência em escolas rurais, sendo destinados aos professores em exercício na rede pública das escolas do campo e aos educadores que atuam em experiências alternativas em educação do campo.

A Rede e-Tec é desenvolvida através da parceria entre o MEC, o Ifma e prefeituras que desejam instalar um polo de apoio presencial da Rede no município. Assim, disponibiliza cursos técnicos de nível médio a distância à população local e da região circunvizinha. Esses cursos são oferecidos aos concludentes do ensino médio, tendo sido realizados até 2013 os cursos de técnico em agropecuária, serviços públicos e manutenção e suporte em informática.

A Universidade Aberta do Brasil (UAB) é desenvolvida a partir de parceria entre a Coordenação de Aperfeiçoamento de Pessoal de Nível Superior (Capes), o Ifma e prefeituras que tenham interesse em ter um polo presencial no município. Trata-se de cursos superiores a distância, destinados a professores da educação básica que não possuem curso superior e aqueles que já possuem formação superior, mas desejam ter uma segunda licenciatura. Também são disponibilizadas vagas à demanda social, para as quais qualquer pessoa pode concorrer. Já foram oferecidos pelo Instituto cursos de licenciatura em informática e química.

Por meio do Programa Mulheres Mil, o Ifma proporciona formação profissional para mulheres em situação de vulnerabilidade social. A oferta leva em consideração o reconhecimento de habilidades prévias das alunas e o perfil social e econômico da região. É destinado a mulheres a partir de 18 anos, prioritariamente, aquelas que são atendidas pelos programas sociais do Governo Federal. Os cursos são de curta duração, já foram desenvolvidos cursos de camareira, artesanato, cuidador de idosos e preparação, conservação e congelamento de alimentos. Desde 2014, esse Programa passou a ser incorporado à execução do Pronatec Bolsa-Formação Trabalhador.

Com o objetivo de elevar o nível educacional e qualificação profissional de jovens de baixa renda, que não concluíram o ensino fundamental, o Ifma realiza o Projovem. Em parceria entre os governos federal, estadual e municipais, o Programa tem como público-alvo jovens de 18 a 29 anos, que precisam atender aos requisitos de acordo com o curso ofertado. No caso do Projovem Campo, desenvolvido pelo Ifma, necessitam residir em área rural.

Por sua vez, o Pronatec tem como objetivo ampliar a oferta de cursos de educação profissional e tecnológica, qualificando profissionais para atuarem no mundo do trabalho. É resultado de uma parceria entre as três esferas de Governo Federal, estadual e municipal. Destinado a jovens e adultos, encaminhados por órgãos demandantes, beneficiários de cursos FIC ou Técnico, com exigência de escolaridade de acordo com as características de cada curso.

Nos últimos anos, verificou-se um processo de expansão do Ifma, tanto em relação à estrutura física, quanto no que se refere à ampliação de ações educacionais e ao aumento de matrícula. A sua criação resultou da integração de quatro unidades em 2008, mas, desde 2014, registrou-se a existência de uma estrutura constituída por 34 (trinta e quatro) unidades, representando um crescimento de mais de 100% ao ano, nos últimos seis anos.

Nos indicadores de eficiência, expressos no Relatório de Gestão do Ifma, referente ao exercício 2013, estão os demonstrativos do número de alunos ingressantes, alunos matriculados e alunos concluintes no período de 2011 a 2013, apresentados no Quadro 12.

Quadro 12: Indicador de eficiência em relação ao ingresso, matrícula e conclusão

2011			2012			2013		
Alunos ingressantes	Alunos matriculados	Alunos concluintes	Alunos ingressantes	Alunos matriculados	Alunos concluintes	Alunos ingressantes	Alunos matriculados	Alunos concluintes
7.092	16.665	3.356	12.755	24.179	6.238	13.060	33.067	5.650

Fonte: Relatório de Gestão do Instituto Federal de Educação, Ciência e Tecnologia do Maranhão, referente ao exercício 2013.

Evidencia que o número de matrículas registradas entre 2011 e 2013 cresceu 98%. Essa expansão, inicialmente, foi atribuída ao Proep, mas teve seus resultados multiplicados no governo Dilma Rousseff, sendo incorporado como uma das iniciativas do Pronatec. Também, é possível observar que essa expansão se associou ao caráter compulsório da participação dos Institutos Federais no desenvolvimento dos programas de EPT promovidos pelo Governo Federal. Esse fato reflete-se na diversidade do campo de atuação do Ifma, no que se refere às modalidades, às metodologias, aos públicos-alvo, aos parceiros, dentre outros aspectos. As políticas reformistas e a reconfiguração do Ifma exigiram das instituições integradas e das novas unidades, mudanças, adaptações e abertura de espaço para a construção de uma nova cultura organizacional, provocando conformismo e reações dos atores institucionais. Dividem-se opiniões entre os servidores do Instituto, em especial no que tange à correspondência de sua atuação às necessidades eminentes do mercado de trabalho, base de sustentação da política pública de EPT, que na prática não valoriza a formação histórica, cultural e social.

Esse breve resumo dos propósitos e estrutura do Instituto Federal do Maranhão favorecerá a compreensão de como o Pronatec se inseriu na ação institucional por meio da iniciativa Bolsa-Formação, desenvolvida desde o final do ano de 2011, sobre a qual encontra-se maior detalhamento a seguir.

A execução da iniciativa Pronatec Bolsa-Formação no Ifma

Como descrito no item anterior, o Ifma além de desenvolver ações de EPT nos níveis técnico e tecnológico, também guarda experiência em ações do tipo FIC, semelhante aquelas desenvolvidas por via do Pronatec. Seja por meio do atendimento a editais para formação profissional, abertos por outros ministérios; seja pelo cumprimento do seu eixo de extensão, como é o caso do Programa Mulheres Mil, que qualifica profissionalmente mulheres em situação de vulnerabilidade social, por meio de cursos de curta duração.

Por essa vasta experiência, em 2010 o Instituto foi convocado para fazer parte do grupo de trabalho que recebeu a responsabilidade de formatar a proposta de construção do Programa Federal de EPT nos níveis FIC e Técnico, que seria apresentado ao Congresso Nacional no ano seguinte pela então nova Presidente da República.

Com a sanção do Pronatec, em outubro de 2011, os Institutos Federais passaram a assumir o papel de ofertantes do Programa. Com essa responsabilidade, no âmbito do estado do Maranhão, o Ifma criou estruturas administrativas e pedagógicas para garantir o cumprimento de suas obrigações, remanejando alguns servidores para assumirem funções como:

a) Gestão institucional do Pronatec Bolsa-Formação no Ifma;
b) Coordenação geral do Pronatec Bolsa-Formação no Campus Ifma;
c) Supervisão Pedagógica do Pronatec Bolsa-Formação no Campus Ifma;
d) Orientação Pedagógica do Pronatec Bolsa-Formação no Campus Ifma;
e) Docência (também realizada por professores contratados).

Para o reconhecimento da concepção de EPT do Pronatec Bolsa-Formação buscou-se os sinais empíricos ou aspectos relacionados nos dados quantitativos e estatísticos referentes a execução do Programa pelo Ifma, disponibilizados pelo gestor institucional, através de relatórios extraídos do Sistec-Pronatec/BI/DTI/MEC, em 10 de outubro de 2014. Também, foram levantadas informações a partir de entrevistas com servidores do Ifma e da gestora nacional dos demandantes no Maranhão, também coordenadora do Pronatec Bolsa-Formação no estado do Maranhão e servidora da Seduc/MA.

Na compreensão do gestor institucional do Ifma, o Pronatec veio suprir uma lacuna deixada pelos programas, projetos e ações de EPT que foram extintos ou mantidos com nível incipiente de atuação. Considera relevante o Programa principalmente para o Maranhão, que naquele momento encontrava-se frente à promissora perspectiva de crescimento, visto a expansão do seu parque industrial recebido investimentos públicos e privados; o registro da presença de projetos federais de habitação e infraestrutura; o investimento do Estado em serviços de saúde; além do participar interesse do setor privado de bens e serviços nesse desenvolvimento. Cenário esse que requeria a melhor qualificação profissional da população maranhense, não só na capital, mas em vários municípios do interior do estado.

A gestora nacional dos demandantes no Maranhão considerou que o Pronatec veio ao encontro da necessidade de qualificação profissional de jovens ainda em processo de escolarização de nível médio. Em especial, no Maranhão, que passou por um processo de sucateamento e extinção da EPT nas escolas estaduais. Ainda, relembrou que mesmo o Estado dispondo do Programa Maranhão Profissional[11], implantado no início de 2011, a possibilidade de atendimento a essa volumosa demanda era bastante limitada, primeiramente devido ao público alvo ser pessoas acima dos 18 anos e, também, pelos recursos financeiros serem restritos.

Para os coordenadores gerais e professores do Pronatec Bolsa-Formação nos campus do Ifma, o Pronatec veio proporcionar acesso àqueles que não tinham condições objetivas para investirem em sua formação, seja por motivos financeiros, seja pela sua difícil mobilidade para os centros que ofereciam tais cursos.

As três perspectivas apresentadas reconhecem a necessidade de uma política pública de EPT para o estado do Maranhão, devido ao hiato na oferta da qualificação profissional técnica desde a segunda metade da década de 90 do século

---

11 Projeto do governo do Estado do Maranhão que tem o objetivo de gerenciar e intermediar a criação e a manutenção de cursos que possam contemplar as múltiplas demandas já existentes, garantindo boas perspectivas de empregabilidade para os jovens e facilitando o seu acesso ao mercado de trabalho.

XX, quando o ensino médio público passou a assumir majoritariamente o caráter propedêutico em suas unidades, permanecendo a oferta de cursos técnicos nos CEFETs e Escolas Agrotécnicas Federais.

Os entrevistados também demonstraram a percepção da gradual decadência do desenvolvimento dos programas de qualificação profissional promovidos pelo MTE, tanto pela redução dos recursos investidos, como pelo descrédito de sua formação. Nessas condições, assistiu-se o mercado de trabalho influenciando a formação profissional de nível superior, buscando com isso garantir a qualificação da mão de obra a ser empregada. Entretanto, a formação profissional no âmbito da educação superior não atendeu tal demandas, visto a reduzida oferta de vagas nas universidades públicas e, consequentemente, a dificuldade de acesso a esse nível de ensino. Desse modo, a pequena parte da população que dispunha de recurso próprio, pode investir em sua formação por meio de cursos FIC, técnicos e superiores oferecidos por instituições privadas, ficando os demais sem poder aquisitivo, relegados a própria sorte e sujeitos a manter sua subsistência por meio de formas precárias de trabalho.

Faz-se possível compreender como a concepção de EPT do Pronatec, coaduna com esse cenário ao iniciar o processo de revitalização do ensino técnico e oferta da formação inicial, por meio da expansão e da gratuidade. Reduzindo a busca excessiva pelo ensino superior e garantindo a manutenção da iniciativa privada, por meio da transferência de recursos públicos para a oferta dos cursos.

Ao questionar os entrevistados sobre os resultados do Pronatec Bolsa-Formação, frente às expectativas identificadas por eles, como as principais forças motrizes para a sua implantação no Maranhão, as respostas unanimemente giraram em torno do reconhecimento da existência de resultados positivos, apesar de pouco significativo, considerando o volume da demanda e as dificuldades para o seu atendimento.

No caso específico do desenvolvimento do Pronatec pelo Ifma, constatou-se que em 2011 o atendimento foi irrisório, devido a problemas de ordem operacional, sendo remanejada a oferta não atendida para 2012. No Quadro 13 podem ser vistas as matrículas produzidas durante o período de 2011 a out/2014[12].

Quadro 13: Matrículas do Pronatec realizadas pelo Ifma entre 2011 e 2014

2011	2012	2013	2014	TOTAL
10	6310	7302	6777	20399

Fonte: SISTEC -Pronatec/BI/DTI/MEC, em 10/10/2014

Com base nas informações disponibilizadas pelo Instituto, expressas nos percentuais de atendimento ao Ministério do Desenvolvimento Social e à Secretaria Estadual do Maranhão, que fazem parte das informações contidas na Tabela 1, observa-se a preponderância dos beneficiários dos programas de transferência de renda e dos alunos do ensino médio em todos os quatro anos de desenvolvimento do Programa.

**Tabela 1: Pronatec Bolsa-Formação
Ifma – Matrícula anual por demandante**

DEMANDANTE	2011		2012		2013		2014		TOTAL	
	Mat	%	Mat	%	Mat	%	Mat	%	Mat	%
Secretaria de Educação do Maranhão	9	90%	4397	70%	2719	37%	1714	25%	8839	43,3%
Secretaria de Direitos Humanos		0%		0%		0%	4	0%	4	0,0%

continua...

---

12 Conforme o gestor institucional do Ifma, não houve novas turmas durante o 2º semestre de 2014, pela indisponibilidade orçamentária e o período eleitoral, que limitou os procedimentos de contratação. Dessa forma, os resultados finais do ano de 2014 ficaram muito próximos dos números apresentados nesse trabalho.

continuação

DEMANDANTE	2011		2012		2013		2014		TOTAL	
	Mat	%	Mat	%	Mat	%	Mat	%	Mat	%
Ministério da Cultura		0%		0%	112	2%		0%	112	0,5%
Ministério da Defesa		0%	33	1%	29	0%		0%	62	0,3%
Ministério da Previdência Social		0%		0%		0%	2	0%	2	0,0%
Ministério das Comunicações		0%		0%		0%	56	1%	56	0,3%
Ministério do Desenvolvimento Social e Combate Fome	1	10%	1350	21%	2130	29%	3080	45%	6561	32,2%
Ministério do Trabalho e Emprego		0%	1	0%	41	1%	34	1%	76	0,4%
Ministério do Turismo		0%	11	0%	92	1%	30	0%	133	0,7%
Outros Demandantes		0%	518	8%	2179	30%	1857	27%	4554	22,3%
TOTAL	10	100%	6310	100%	7302	100%	6777	100%	20399	100%

Fonte: SISTEC -Pronatec/BI/DTI/MEC, em 10/10/2014.

Os dados da Tabela 1 demonstram um forte contraste entre o número de atendimento da demanda da Seduc/MA e do MDS e o pequeno volume de encaminhamento por parte dos demais órgãos demandantes, o que pode ser compreendido pela falta de experiência no envolvimento com a formação profissional por boa parte deles. No entanto, permanece a dúvida sobre a baixa demanda do MTE, considerado um dos demandantes com maior potencial de atendimento, tanto pela sua vasta experiência no desenvolvimento de planos de qualificação profissional, como também pela estratégia de associar a liberação do seguro desemprego à matrícula em curso FIC.

Na opinião do gestor institucional do Ifma, a resposta pode estar na gestão orçamentária do próprio Instituto, que ordena um calendário preestabelecido para o início das turmas, o qual sofreu alterações pelo atraso no encaminhamento dos alunos e pela indisponibilidade financeira para cumprimento das despesas prévias das turmas. Sendo possível que o Instituto não dispôs da flexibilidade de execução necessária ao atendimento esporádico da demanda do MTE, que ocorria de acordo com os pedidos individuais do Seguro Desemprego.

Ao aprofundar a análise sobre o número de encaminhados ao Ifma pela Seduc/MA, no total de 8.839 (oito mil, oitocentos e trinta e nove) alunos do ensino médio por modalidades de cursos, verificou-se que ocorreram 3.357 (três mil, trezentas e cinquenta e sete) matrículas em cursos técnicos, sendo 5.482 (cinco mil, quatrocentos e oitenta e dois) alunos do ensino médio foram atendidos em cursos FIC. Esse fato chamou atenção, considerando que deveriam ter a prioridade de formação na modalidade de cursos técnicos. Ou seja, 62% dos alunos encaminhados, que dispunham de potencial para participarem de cursos técnicos não o acessaram, mesmo sendo esse o direcionamento contido na legislação do Programa, predominando o tipo de formação aligeirada, que não assegura o aprofundamento dos fundamentos teórico-práticos do trabalho.

Ao ser questionado sobre esse fenômeno, o gestor institucional do Ifma declarou que, devido à maior complexidade da oferta de cursos técnicos e pelo fato de haver muitos municípios em que o Instituto ainda não dispõe de estrutura própria, a Instituição optou pela oferta de cursos do tipo FIC aos alunos do ensino médio. Assim, acreditou-se estar sendo cumprido o objetivo do Pronatec de contribuir para a melhoria da qualidade do ensino médio público, por meio da articulação com a EPT. Esclareceu, ainda, que a menor complexidade da oferta de cursos FIC, diz respeito a maior simplicidade da estrutura física, em comparação com a necessária para os cursos técnicos, assim como a menor exigência de formação dos recursos humanos que compõe o corpo docente.

Constata-se que o Pronatec Bolsa-Formação faz parte de uma política de governo que não atende aos direitos educacionais e não favorece a inclusão social, apenas representa medidas amenizadoras do efeito perverso do processo de reestruturação do capitalismo no mercado de trabalho. Nessa forma de objetivação do Programa pelo Ifma, configura-se a concepção de EPT fragmentada e utilitária, marcada pela dicotomia teoria/prática e desarticulada de uma educação básica do trabalhador, já bastante questionada em seções anteriores dessa obra. Essa formação ocorre certamente com baixa qualidade não só pela fragilidade da cultura científica, mas, também, devido às condições objetivas de estruturas, recursos materiais e humanos para o seu desenvolvimento em contextos desiguais.

Destaca-se que, na operacionalização do Pronatec, a ação Bolsa-Formação Estudante, que deveria ter a matrícula do estudante de nível médio em cursos técnicos, transforma-se em Bolsa-Formação Trabalhador, uma vez que o estudante do ensino médio é matriculado em cursos do tipo FIC pela maior facilidade da execução, por não exigir formadores com alta titulação e ter menor custo. Assim, é reiterada a já conhecida falta de planejamento do poder público, que mesmo dispondo de dados quanto ao público alvo e a capacidade física e de pessoal disponíveis em suas instituições para o atendimento educacional, regulamenta programas que desconsideram os limites de sua execução, o que tem como consequência a precarização do trabalho e o esvaziamento das finalidades educativas, no intuito de garantir o alcance de resultados aparentemente positivos da política pública implementada.

A Tabela 2 apresenta a distribuição da matrícula no Pronatec Bolsa-Formação, referente à atuação do Ifma nos municípios que possuem disponibilidade de estrutura própria ou no mínimo de uma adequada estrutura cedida por parceiros.

Tabela 2: Pronatec Bolsa-Formação
Ifma – Matrícula anual por município

MUNICÍPIO	2011		2012		2013		2014		TOTAL		População 2010
	Mat	%	Mat	%	Mat	%	Mat	%	Mat	%	
Açailândia		0%	143	2%	319	4%	160	2%	622	3%	104.047
Alcântara		0%	15	0%	32	0%	60	1%	107	1%	21.851
Bacabal		0%	238	4%	379	5%	833	12%	1450	7%	100.014
Barra do Corda		0%	434	7%	1.032	14%	1.093	16%	2559	13%	82.830
Barreirinhas		0%	226	4%	565	8%	293	4%	1084	5%	54.930
Buriticupu		0%	310	5%	384	5%	459	7%	1153	6%	65.237
Caxias	10	100%	420	7%	446	6%	462	7%	1338	7%	155.129
Codó		0%	274	4%	196	3%	135	2%	605	3%	118.038
Coelho Neto		0%		0%		0%	146	2%	146	1%	46.750
Imperatriz		0%	320	5%	414	6%	188	3%	922	5%	247.505
Pinheiro		0%	116	2%	313	4%	269	4%	698	3%	78.162
Santa Inês		0%	554	9%	318	4%	152	2%	1024	5%	77.282
São João dos Patos		0%	573	9%	386	5%	214	3%	1173	6%	24.928
São Luís		0%	1.733	27%	1.789	25%	1.588	23%	5110	25%	1.014.837
São Raimundo das Mangabeiras		0%	303	5%	141	2%	212	3%	656	3%	17.474
Timon		0%	479	8%	357	5%	311	5%	1147	6%	155.460
Zé Doca		0%	172	3%	231	3%	200	3%	603	3%	50.173
TOTAL	10	100%	6310	100%	7302	100%	6775	100%	20397	100%	

Fonte: SISTEC -Pronatec/BI/DTI/MEC, em 10/10/2014;
IBGE, Censo Demográfico 2010.

A análise entre o número de atendimento e o volume populacional de alguns municípios revelou distorções bastante curiosas. Segundo dados do IBGE, o município de Barra do Corda tem 82.830 (oitenta e dois mil, oitocentos e trinta) habitantes, tendo sido atendidos pelo Pronatec 2.559 (dois mil, quinhentos e cinquenta e nove) beneficiários. Por sua vez, o município de Açailândia, com 104.047 (cento e quatro mil e quarenta e sete) habilitantes, só registrou 622 (seiscentos e vinte e dois) atendimentos. O município de Imperatriz, segunda cidade mais populosa do Maranhão, com 247.505 (duzentos e quarenta e sete mil, quinhentos e cinco) habitantes, registrou apenas 922 (novecentos e vinte e dois) atendimentos.

Diante desses dados, o gestor institucional do Ifma revelou que a produtividade do Campus está diretamente ligada à sua real adesão ao Programa, assim como o nível de motivação das equipes para a superação dos obstáculos que surgem durante a execução, condições que ultrapassam até mesmo o volume da demanda que o município possa dispor. Como exemplo, destacou os resultados alcançados pelo Campus Ifma na cidade de Barra do Corda, que assimilou com muita facilidade as orientações do Programa e não hesitou em buscar alternativas para sua execução, envolvendo os órgãos envolvidos na mobilização da demanda e na resolução das dificuldades e necessidades de adaptação para o desenvolvimento dos cursos, inclusive realizados em aldeias indígenas da região.

Essa declaração esclarece que a efetivação de uma política pública, assim como de suas respectivas concepções, envolve muito mais que a justificativa, a regulamentação normativa ou a legitimação representativa que possa dispor. Sendo possível estender a compreensão sobre esse fenômeno, por meio da aplicação do estudo sobre a implantação de políticas curriculares, desenvolvido por Lopes (2004, p. 113), no qual a autora resgata o conceito de recontextualização, tratado por Bernstein, esclarecendo que ao circularem no corpo social da educação, os textos oficiais e não oficiais são fragmentados, alguns fragmentos são mais valorizados em detrimento de outros e são associados a outros fragmentos de textos capazes de ressignificá-los e refocalizá-los.

Ou seja, as determinações do Pronatec Bolsa-Formação, mesmo expressas em textos oficiais, ao serem recebidas pelas equipes dos Campus do Ifma sofrem um processo de recontextualização, pelas suas possibilidades e constrangimentos, contradições e espaços, frente ao contexto e concepções vivenciadas localmente. Além disso, a operacionalização das políticas públicas no interior das instituições ocorre numa relação de poder em que se confrontam diferentes projetos educacionais e de sociabilidade, bem como concepções diferentes ou antagônicas de educação profissional, podendo prevalecer conformismos ou resistências, que têm implicações nos resultados educacionais ou redirecionamento da prática formativa.

Pela análise dos dados, contidos na Tabela 3, referentes à matrícula anual por faixa etária dos beneficiários do Pronatec Bolsa-Formação desenvolvido pelo Ifma, observa-se que o Programa se caracteriza como uma política pública voltada para o atendimento de uma população jovem, considerando que o percentual de 61,4% está reservado aos beneficiários com idade entre 17 a 24 anos. Podendo ser compreendido que essa proposta de EPT está direcionada em sua maior parte para as necessidades de qualificação de um público com pouca ou até mesmo nenhuma orientação e experiência profissional.

Tabela 3: Pronatec Bolsa-Formação
Ifma – Matrícula anual por faixa etária

FAIXA ETÁRIA	2011		2012		2013		2014		TOTAL	
	Mat	%	Mat	%	Mat	%	Mat	%	Mat	%
<= 16	1	10,0%	28	0,4%	328	4,5%	839	12,4%	1196	5,9%
17 a 18	2	20,0%	1136	18,0%	1992	27,3%	1347	19,9%	4477	21,9%
19 a 24	6	60,0%	3822	60,6%	2585	35,4%	1654	24,4%	8067	39,5%
25 a 29	1	10,0%	514	8,1%	873	12,0%	934	13,8%	2322	11,4%
30 a 39		0,0%	552	8,7%	979	13,4%	1358	20,0%	2889	14,2%
40 a 49		0,0%	186	2,9%	406	5,6%	492	7,3%	1084	5,3%
50 a 59		0,0%	66	1,0%	119	1,6%	131	1,9%	316	1,5%
>= 60		0,0%	6	0,1%	20	0,3%	20	0,3%	46	0,2%
TOTAL	10	100%	6310	100%	7302	100%	6775	100%	20397	100%

Fonte: SISTEC -Pronatec/BI/DTI/MEC, em 10/10/2014.

Entretanto, não é possível negar a presença de 32,6% de pessoas atendidas pelo Programa com idade superior a 25 anos, dos quais possivelmente boa parte acessa o Programa em busca de atualizar ou aperfeiçoar sua qualificação profissional. Entretanto, ao analisar a concepção de EPT, contida no Pronatec Bolsa-Formação, não foram identificados propósitos e/ou ações direcionadas a esse tipo de requalificação profissional.

A questão foi tratada pelo gestor institucional do Ifma como um aspecto não contemplado pela proposta do Programa, justificando ainda que cabe aos órgãos demandantes a seleção dos estudantes e, em muitos casos, os ofertantes somente os conhecem no início das aulas, o que limita a adaptação da proposta pedagógica do curso ao perfil dos participantes.

Confirma-se assim que a concepção da EPT, assumida pelo Pronatec Bolsa-Formação, mesmo em sua versão voltada aos trabalhadores, desconsidera que o conhecimento e a experiência dos beneficiários demandem uma proposta pedagógica adequada à requalificação, sendo essa questão somente contemplada na indicação que o Programa faz sobre o aproveitamento de estudo e certificação. Tal fato permite inferir o Programa não leva em consideração a vida pregressa do trabalhador no processo de adaptabilidade às flexibilidades do mercado de trabalho oriundas da reestruturação produtiva, tampouco para sua formação cultural emancipatória.

Outra característica dos beneficiários, evidenciada nos dados da execução do Pronatec Bolsa-Formação pelo Ifma, está na majoritária participação feminina, demonstrada na Tabela 4. A proporção entre homens e mulheres no Pronatec Bolsa-Formação, desenvolvido pelo Ifma, chega a ultrapassar os índices dessa mesma relação na população maranhense economicamente ativa, segundo dados do IBGE.

**Tabela 4: Pronatec Bolsa-Formação
Ifma – Matrícula anual por sexo**

MUNICÍPIO	2011		2012		2013		2014		TOTAL	
	Mat	%	Mat	%	Mat	%	Mat	%	Mat	%
Feminino	8	80%	3997	63%	4622	63%	4770	70%	13397	66%
Masculino	2	20%	2313	37%	2680	37%	2005	30%	7000	34%
TOTAL	10	100%	6310	100%	7302	100%	6775	100%	20397	100%

Fonte: SISTEC -Pronatec/BI/DTI/MEC, em 10/10/2014.

Esses dados claramente expressam o maior interesse feminino por qualificação profissional, que pressupõe a superação dos entraves sofridos pelas mulheres desde o início de sua entrada no mercado de trabalho, ocorrida de forma precária, exigindo lutas constantes por melhores condições de trabalho, igualdade de oportunidades, reconhecimento e remuneração.

A condição feminina e outras características predominantes no público atendido pelo Pronatec Bolsa-Formação no Ifma, como a raça negra e cor parda, que conforme a Tabela 5 correspondem a 53,5% dos registros dos alunos, correspondem na realidade brasileira à vulnerabilidade e precariedade socioeconômica. Todavia, temas relacionados às problemáticas das condições desse público são desconsiderados pela concepção de EPT do Programa, não havendo qualquer indicação para sua discussão durante os processos educacionais desenvolvidos.

**Tabela 5: Pronatec Bolsa-Formação
Ifma – Matrícula anual por raça e cor**

RAÇA E COR	2011		2012		2013		2014		TOTAL	
	Mat	%	Mat	%	Mat	%	Mat	%	Mat	%
Amarela		0,0%	32	0,5%	54	0,7%	42	0,6%	128	0,6%
Branca		0,0%	220	3,5%	644	8,8%	605	8,9%	1469	7,2%
Indígena		0,0%	9	0,1%	88	1,2%	9	0,1%	106	0,5%
Parda	5	50,0%	1426	22,6%	3859	52,8%	4469	66,0%	9759	47,8%
Preta		0,0%	175	2,8%	517	7,1%	464	6,8%	1156	5,7%

continua...

continuação

RAÇA E COR	2011 Mat	%	2012 Mat	%	2013 Mat	%	2014 Mat	%	TOTAL Mat	%
Sem declaração	2	20,0%	406	6,4%	1104	15,1%	1016	15,0%	2528	12,4%
Sem informação	3	30,0%	4042	64,1%	1036	14,2%	170	2,5%	5251	25,7%
TOTAL	10	100%	6310	100%	7302	100%	6775	100%	20397	100%

Fonte: SISTEC -Pronatec/BI/DTI/MEC, em 10/10/2014.

Mais uma vez, nesse Programa é reforçada a concepção de EPT focada tão somente na formação técnica, reduzindo as possibilidades dos alunos construírem uma visão crítica sobre a sua condição, o que poderia melhor prepará-los para os enfrentamentos futuros ou já vivenciados em suas experiências profissionais.

Os coordenadores gerais e professores do Pronatec Bolsa-Formação afirmaram que não foi percebida nenhuma associação do perfil dos beneficiários com qualquer queda do rendimento dos alunos do Instituto, mesmo sendo afirmado que os alunos que acessam os cursos técnicos por via do Pronatec seriam, em boa parte, aqueles candidatos que não são aprovados nos rigorosos processos seletivos aplicado para acesso aos cursos regulares do Instituto.

Sobre possíveis adaptações dos projetos pedagógicos dos cursos regulares quando de sua aplicação no Pronatec, todos os entrevistados foram unânimes em afirmar que a proposta pedagógica é exatamente a mesma, e que as únicas adaptações giram em torno da estrutura física, quando a turma é realizada em unidades remotas (espaços cedidos por parceiros), da composição do corpo docente (contratação de professores), ou ainda, do ordenamento da execução das disciplinas (menos disciplinas concomitantes, intensificando sua execução na forma subsequente, facilitando o processo de contratação temporária dos professores).

Entretanto, foi relatado que quando era percebida a possibilidade do comprometimento da aprendizagem por parte dos beneficiários, devido à déficits de conhecimentos prévios, as cargas horárias das disciplinas do núcleo básico foram aumentadas, e inserida revisão de conteúdos como matemática e língua portuguesa. Também houve a experiência de elaborar alguns cursos especificamente para o Pronatec Bolsa-Formação, devido à inexistência no portfólio do Instituto, os quais posteriormente foram incorporados e oferecidos regularmente pela Instituição.

Quanto à escolaridade dos beneficiários, apresentada na Tabela 6, constata-se a predominância dos participantes no ensino médio, registrando-se 38,9% de concludentes e 8,4% ainda em curso. Também há um número significativo de participantes com o ensino médio incompleto (42,2%). A participação de estudantes que ainda estão cursando o ensino fundamental (8,7%) é irrisória, indicando uma reduzida participação de estudantes jovens e adultos. Há ainda registro de menos de 1% dos participantes, cursando ou concluindo o Ensino Superior.

**Tabela 6: Pronatec Bolsa-Formação
Ifma – Matrícula anual por escolaridade**

ESCOLARIDADE	2011		2012		2013		2014		TOTAL	
	Mat	%	Mat	%	Mat	%	Mat	%	Mat	%
Ens Fund I (1º ao 5º) incomp		0,0%	10	0,2%	22	0,3%	196	2,9%	228	1,1%
Ens Fund I (4ª Série) comp		0,0%	8	0,1%	16	0,2%	77	1,1%	101	0,5%
Ens Fund II (5ª a 8ª) incomp		0,0%	95	1,5%	234	3,2%	63	0,9%	392	1,9%
Ens Fund II (6º ao 9º) comp		0,0%	140	2,2%	297	4,1%	604	8,9%	1041	5,1%
Ens Fund II (6º ao 9º) incomp		0,0%		0,0%		0,0%	6	0,1%	6	0,0%
Ensino Médio – comp	4	40,0%	1715	27,2%	3291	45,1%	2927	43,2%	7937	38,9%
Ensino Médio - incomp	4	40,0%	2566	40,7%	3332	45,6%	2714	40,1%	8616	42,2%
Mat 1º ano do Ens Médio			116	1,8%					116	

continua...

continuação

ESCOLARIDADE	2011		2012		2013		2014		TOTAL	
	Mat	%	Mat	%	Mat	%	Mat	%	Mat	%
Mat 2º ano do Ens Médio	1	10,0%	575	9,1%		0,0%		0,0%	576	2,8%
Mat 3º ano do Ens Médio	1	10,0%	1020	16,2%		0,0%		0,0%	1021	5,0%
Ensino Superior - comp		0,0%	31	0,5%	52	0,7%	89	1,3%	172	0,8%
Ensino Superior - incomp		0,0%	33	0,5%	58	0,8%	99	1,5%	190	0,9%
Não alfabetizado			1	0,0%					1	0,0%
TOTAL	10	100%	6310	100%	7302	100%	6775	100%	20397	99%

Fonte: SISTEC -Pronatec/BI/DTI/MEC, em 10/10/2014.

Com essa configuração, verifica-se que o público atendido, em sua grande maioria dispunha de potencial para acesso a cursos técnicos, o que contrasta com a predominância da oferta de cursos FIC. Tal fato permite relembrar políticas educacionais anteriores (Lei nº 5.692/1971) que pressupunha a profissionalização do ensino de 2º grau, valorizando a formação em cursos técnicos, mas que por falta de condições de atendimento, naturalizou-se a oferta nas instituições públicas de uma formação de auxiliar técnico. Assim, atesta-se a viabilização da política do Governo Federal por via da oferta majoritária de uma formação aligeirada, não se justifica pelo perfil dos beneficiários atendidos, mas sim pela sua correspondência às necessidades imediatas e voláteis do mercado de trabalho e pela garantia de volumosos resultados quantitativos, com custos mais baixos.

A seguir, apresenta-se a Tabela 7 com as informações empíricas e os respectivos percentuais referentes ao atendimento educacional por modalidades de curso, chamando atenção para a predominância da matrícula em cursos de FIC, correspondendo a um percentual de 83,5%, enquanto a matrícula em cursos técnicos contrasta com um percentual de 16,5%,

continuação

respaldando a crítica anterior relacionada às características de escolaridade dos beneficiários.

Tabela 7: Pronatec Bolsa-Formação
Ifma – Matrícula anual por tipo

TIPO	2011		2012		2013		2014		TOTAL	
	Mat	%	Mat	%	Mat	%	Mat	%	Mat	%
FIC	10	100,0%	5144	81,5%	6169	84,5%	5717	84,4%	17040	83,5%
Técnico		0,0%	1166	18,5%	1133	15,5%	1058	15,6%	3357	16,5%
TOTAL	10	100%	6310	100%	7302	100%	6775	100%	20397	100%

Fonte: Elaboração da autora, a partir de dados do SISTEC -Pronatec/BI/DTI/MEC, em 10/10/2014.

Os índices comparativos entre as vagas ofertadas, as pré-matrículas e as matrículas efetivas, vide Quadro 14, revelam um interesse inicial dos beneficiários, que são encaminhados pelos demandantes para pré-matrícula (média de 38% a mais que a quantidade de vagas ofertadas). Porém, ao analisar os resultados do final do período, constata-se que sobram vagas oferecidas, ou seja, uma parte significativa da pré-matrícula não se converte em matrícula efetiva. Com isso são desperdiçadas oportunidades de qualificação, ocorridas possivelmente pelo desencontro entre aqueles que estão realmente interessados e a vaga que corresponda a sua necessidade de formação.

Quadro 14: Pronatec Bolsa-Formação Ifma – Atendimento anual por relação mensal de vagas, pré-matrícula e matrícula efetivada

MÊS	2011			2012			2013			2014		
	Vagas	Pré-Mat	Mat	Vagas	Pré-Mat	Mat	Vagas	Pré-Mat	Mat	Vagas	Pré-Mat	Mat
Janeiro				1670	2195	583	280	389	92	40	80	58
Fevereiro				870	1409	244			1	100	166	330
Março				95	157	95				711	962	1048

continua...

continuação

MÊS	2011			2012			2013			2014		
	Vagas	Pré-Mat	Mat	Vagas	Pré-Mat	Mat	Vagas	Pré-Mat	Mat	Vagas	Pré-Mat	Mat
Abril				40	51	107	120	148	958	1280	1584	1518
Maio				320	460	398	1350	1901	981	1869	2472	1938
Junho				500	507	290	800	1166	480	1225	1516	597
Julho				200	280	264	245	274	370	1236	1744	824
Agosto				400	557	312	755	961	1152	190	363	280
Setembro				1040	1483	1242	1552	2083	1456	146		102
Outubro				700	979	466	1922	2998	1345		228	80
Novembro				780	1330	921	511	658	327			
Dezembro	80	90	10	240	336	1388	240	337	140			
TOTAL	80	90	10	6855	9744	6310	7775	10915	7302	6797	9115	6775

Fonte: SISTEC -Pronatec/BI/DTI/MEC, em 10/10/2014.

Para o gestor institucional do Ifma, a justificativa esteve associada à falta de maior atenção por parte dos demandantes na seleção dos beneficiários, pelo que ressalta a necessidade de melhor orientação dos interessados, quanto ao curso que pretendem participar, assim como maior rigor no cumprimento dos requisitos de acesso, no intuito de aumentar a possibilidade de rendimento. Ainda, informou que para amenizar essa carência, as equipes dos campus do Ifma desenvolvem forças tarefas, no sentido de divulgar junto ao público prioritário informações sobre os cursos e, em alguns casos, chegam a mobilizar os pré-matriculados, por meio de telemarketing ativo, para que efetivassem suas matrículas.

Segundo os dados contidos na Tabela 8, destacam-se dois índices de distorção do fluxo escolar, o abandono com 11,5% e a reprovação com 2,9%. Em comparação com os resultados do Ensino Médio de 2013, divulgados pelo Inep, a taxa de abandono do Pronatec Bolsa-Formação desenvolvido pelo Ifma equivale à taxa estadual do ensino médio, enquanto que a taxa de reprovação está abaixo. Entretanto, vale lembrar que a média das cargas horárias das ações do Pronatec é muito mais baixa que do a carga horária do ensino médio, o que agrava os resultados do Programa, requerendo atenção e medidas de controle e reversão dessa situação.

Tabela 8: Pronatec Bolsa-Formação
Ifma – Matrícula anual por categoria e situação

CATEGORIA/ SITUAÇÃO	2011		2012		2013		2014		TOTAL	
	Mat	%	Mat	%	Mat	%	Mat	%	Mat	%
Abandono		0,0%	881	14,0%	1043	14,3%	419	6,2%	2343	11,5%
Conclusão		0,0%	3324	52,7%	3712	50,8%	1156	17,1%	8192	40,2%
Em curso	10	100,0%	1916	30,4%	2271	31,1%	5050	74,5%	9247	45,3%
Outra		0,0%	1	0,0%	11	0,2%	3	0,0%	15	0,1%
Reprovada		0,0%	188	3,0%	265	3,6%	147	2,2%	600	2,9%
TOTAL	10	100%	6310	100%	7302	100%	6775	100%	20397	100%

Fonte: Elaboração da autora, a partir de dados do SISTEC -Pronatec/BI/DTI/MEC, em 10/10/2014.

No que se refere ao abandono dos cursos do Pronatec, na análise do gestor institucional do Ifma, seria necessário que seu sistema de controle oportunizasse o registro dos motivos que levam os alunos a deixarem o curso, tornando possível o melhor reconhecimento das principais causas desse fenômeno, para que os envolvidos no Programa fizessem as intervenções necessárias. Visto que, segundo o gestor, conforme dados colhidos informalmente, as causas da distorção de fluxo escolar são oriundas da negligência da escolha do curso durante o processo de pré-matrícula, problemas de saúde e colocação no mercado de trabalho, questões que vão além das possibilidades de intervenção por parte dos órgãos ofertantes.

O acompanhamento dos órgãos demandantes, durante o desenvolvimento dos cursos, foi declarado pelos entrevistados como uma ação incipiente por parte do representante local do MDS, e de total ausência dos técnicos da Seduc/MA. Ressaltando que o público da Seduc/MA é constituído dos alunos do ensino médio que no Pronatec, em tese, participam de uma ação articulada com a EPT. Ao ser questionada sobre esse problema, a gestora nacional dos demandantes no Maranhão ponderou sobre o número reduzido de técnicos disponíveis, tanto na Seduc/MA como nas escolas estaduais de ensino médio. Considerando ainda que, diferente do MDS – que disponibiliza recurso às Secretarias Municipais de Assistência Social para desenvolvimento de suas ações ligadas ao Pronatec Bolsa-Formação – o MEC não repassa quaisquer recursos ao Governo Estadual para que a Secretaria Estadual de Educação desenvolva suas atribuições como demandante e gestor do Programa no Estado. Isso significa que não existe o entendimento claro sobre o regime de colaboração entre os entes federados na garantia do direito educacional, sugerindo uma certa desresponsabilização do sistema estadual.

Nesse sentido, constata-se que a articulação entre o Ensino Médio e a EPT, ou ainda, da EPT com a EJA é obstaculizada no Pronatec Bolsa-Formação, condicionando-as a ações fragmentadas e isoladas, com pouca ou nenhuma possibilidade de haver contribuição mútua, o que contradiz a finalidade precípua de articulação da EPT com o ensino médio e educação de jovens e adultos, declarada na legislação do Programa.

Com a identificação dos cursos realizados e das respectivas prescrições no Guia Pronatec e no Catálogo de Cursos Técnicos, bem como a verificação da frequência da oferta de turmas no período, conforme relatório de execução 2011 a 2014, foi possível sistematizar e analisar o portfólio desenvolvido pelo Ifma no Pronatec Bolsa-Formação. Pelo resumo dos dados apresentados nas Tabelas 9 e 10, pode-se concluir que dos 157 (cento e cinquenta e sete) cursos ofertados, 116 (cento e dezesseis) foram do tipo FIC e apenas 41 cursos técnicos. Quanto à frequência da oferta, 59% dos cursos foram oferecidos somente em um dos quatro anos de execução do Programa, 21% oferecidos repetidamente em dois anos, 19% em três anos e 1% oferecido em todos os anos de execução, revelando uma significativa diversidade de cursos ofertados.

Tabela 9: Bolsa-Formação Ifma – turmas por tipo

TIPO	TURMAS	%
FIC	116	74%
Técnico	41	26%
Total	157	100%

Fonte: SISTEC -Pronatec/BI/DTI/MEC, em 10/10/2014.

Tabela 10: Bolsa-Formação Ifma – Frequência anual da oferta de cursos

FREQUÊNCIA DA OFERTA	QTD. DE CURSOS	%
1 ano	93	59%
2 anos	33	21%
3 anos	30	19%
4 anos	1	1%

Fonte: SISTEC -Pronatec/BI/DTI/MEC, em 10/10/2014.

Atestou-se ainda a ausência de itinerários formativos na composição do portfólio de cursos, não havendo nenhuma indicação na oferta, que orientasse o participante sobre o melhor caminho formativo a seguir rumo a uma formação profissional mais consistente. Para o gestor institucional do Ifma, a implantação dessa metodologia de construção de portfólio necessita de uma leitura mais aprofundada do mercado de trabalho e dos processos educativos da EPT. E que, sendo a definição de cursos para o Pronatec gerada inicialmente por indicação dos órgãos demandantes, tornar-se-ia essencial a participação direta dos ofertantes, para que desde o início da construção do portfólio fosse garantido o estudo e a discussão sobre os itinerários formativos a serem disponibilizados.

Ainda durante o estudo sobre o portfólio de cursos do Pronatec Bolsa-Formação, desenvolvido pelo Ifma, verificou-se que os eixos tecnológicos[13] com maior número de execução foram aqueles que têm correspondência no setor de comércio de bens e serviços, não deixando de serem executados cursos dos eixos tecnológicos ligados ao setor industrial. Tal fato reforça a análise sobre a pós-industrialização elaborada por Castells (1999), em que defende o crescimento do emprego no setor de comércio e serviço, por sua estreita relação com o setor industrial e não pela equivocada teoria do fim da indústria.

Para o gestor institucional do Ifma, o destaque da execução nos eixos tecnológicos relacionados com o comércio de bens e serviços, também deve levar em consideração que na maioria dos municípios do Maranhão a realidade do mercado de trabalho centra-se na oferta de empregos públicos e no comércio, o que por consequência orienta a oferta de vagas para cursos que correspondam a tal demanda.

Durante as entrevistas feitas com o gestor institucional, os coordenadores gerais e professores do Pronatec Bolsa-Formação do Ifma, e com a gestora nacional dos demandantes no Maranhão, foram levantadas opiniões sobre aspectos positivos e negativos do Programa. Os aspectos de caráter positivo, registrado com maior frequência, formam aqueles relacionados à correspondência do Programa com as necessidades locais de qualificação profissional, além da disponibilidade de acesso para um público vulnerável e carente de recursos para investimento em sua formação, além do envolvimento de vários entes sociais em prol da

---

13 Reúne os cursos em grandes eixos temáticos, definidos por uma matriz tecnológica, que dá direção para o seu projeto pedagógico e que perpassa transversamente a organização curricular do curso, dando-lhe identidade e sustentáculo. A organização de cursos em eixos favoreceu a reestruturação disciplinar, evitando redundâncias, inflexibilidade curricular e modernizando a oferta de disciplinas. Uma das vantagens dessa organização é a possibilidade de transitar entre cursos semelhantes com mais facilidade.

realização de ações educacionais. Para melhor análise sobre os aspectos negativos indicados pelos entrevistados, foram divididos entre dificuldades externas e internas, as quais impactaram no desenvolvimento do Pronatec Bolsa-Formação desenvolvido pelo Ifma, as quais estão organizadas no Quadro 15.

Quadro 15: Fatores que impactaram no desenvolvimento do Pronatec Bolsa-Formação pelo Ifma

FATORES EXTERNOS	FATORES INTERNOS
Despreparo dos demandantes para a definição dos cursos que serão pactuados, seja por desconhecimento de sua realidade, no caso dos demandantes locais, seja, no caso dos ministérios, por subsidiarem suas decisões em pesquisas nacionais, que não representam precisamente as necessidades locais.	Ajuste dos prazos legais do orçamento da Instituição aos prazos determinados para o desenvolvimento das pactuações de cursos.
Atraso na declaração da demanda, que gera desajustes em todo o fluxo de operacionalização da pactuação e consequentemente do planejamento e da execução dos ofertantes.	Interesse dos servidores somente pelo processo remunerado através de bolsa, ou seja, as aulas. Havendo pouca disponibilidade para contribuírem em outras tarefas essenciais ao bom desempenho do Programa, como elaboração, organização ou avaliação.
Negligência, por parte dos demandantes, na seleção dos beneficiários, no que se refere ao perfil profissional de conclusão do curso que irão participar, gerando problemas de desistência, evasão e até mesmo rendimento.	Processos excessivamente burocrático e, consequentemente, bastante demorado para aquisição de insumos, que não correspondem com a dinâmica da execução do Programa.
Falta de uma complementação da política pública para auxiliar o egresso em sua colocação no mercado de trabalho.	Processo seletivo excessivamente objetivo para definição do professor, deixando de fora alguns dos servidores mais preparados e compromissados com o trabalho.

continua...

continuação

Constantes problemas de funcionamento do sistema de controle eletrônico dos dados do Programa, o SISTEC, produzido e administrado pelo MEC. Acreditando-se que por centralizar o acesso de todos os envolvidos, esses problemas muitas vezes impedem a realização de procedimentos que fazem parte de importantes processos de desenvolvimento do programa. Situação agravada pela reduzida equipe de técnicos que atendem as solicitações dos usuários do sistema.	A contratação descontinuada de professores externos, em maior quantidade para as unidades remotas. Devido à necessidade de "tempo de casa" para absorção da cultura institucional, concepção de EPT do Instituto e as prerrogativas e procedimentos do Programa.
FATORES EXTERNOS	**FATORES INTERNOS**
Desinteresse de alguns gestores dos órgãos responsáveis pelo encaminhamento dos beneficiários, que por opinião própria impedem seu acesso ao Programa.	Descompasso entre o período da prestação de serviço docente e sua remuneração, ocasionando desmotivação e até desinteresse dos profissionais em participar do Programa, dificultando a composição do corpo docente das turmas pactuadas.
Insuficiência de órgãos ofertantes para o atendimento à demanda dos municípios do estado, sobrecarregando os órgãos existentes e, ainda, impedindo o acesso de boa parte da população maranhense ao Programa.	Limitação de espaço físico para o atendimento da demanda regular de cursos do Instituto e mais a demanda do Pronatec, o que limita a possibilidade de maior oferta de turmas, em destaque para cursos técnicos, que ocupam os ambientes pedagógicos por um longo espaço de tempo.

Fonte: Entrevistas com o gestor institucional, os coordenadores gerais e professores do Pronatec Bolsa-Formação do Ifma, e com a gestora nacional dos demandantes no Maranhão.

A partir dessas informações constata-se que a operacionalização do Pronatec Bolsa-Formação desenvolvido pelo Ifma desvela algumas das problemáticas subjacentes ao funcionalismo público, como os longos e demorados processos burocráticos, justificados pela pretensão de manter sua lisura, mas que enfim contrastam com a dinâmica e dimensão de um programa como o Pronatec.

Também, arpresentam-se fatores de ordem física, que limitaram o atendimento à demanda apresentada e que deram o caráter de urgência à expansão das instalações da Rede Pública de EPT. Ação que mais uma vez esbarra nos processos burocráticos já citados, legitimado pelo processo de transferência dos recursos públicos ao setor privado, no intuito de garantir o atendimento às demandas e o cumprimento das metas estabelecidas, alegando a mais rápida disponibilidade de espaço e maior flexibilidade e rapidez de seus processos.

Ao utilizar a tecnologia na gestão pública, é estabelecida uma relação de dependência entre a realização de uma atividade e a eficácia do sistema responsável pelo registro e controle de suas informações. Essa dependência eleva o sistema eletrônico ao mais alto nível de importância no processo educativo, chegando a interrompê-lo caso haja falha no seu funcionamento. Portanto, cabendo ao MEC, provedor do SISTEC, a realização dos investimentos necessários para a disponibilização de um sistema capaz de administrar com eficácia as complexidades intrínsecas de Programas de âmbito nacional, sob pena de comprometer sua execução, dificultar seu acompanhamento e até mesmo distorcer sua avaliação.

A dificuldade referente à ausência da intermediação do egresso para sua colocação no mercado de trabalho, alerta para o descumprimento de mais uma das determinações contidas na legislação do Pronatec, especificamente sobre a articulação com as políticas públicas de geração de trabalho, emprego e renda. Mesmo que, a priori, esse procedimento se remeta ao já existente Sistema Nacional Emprego do MTE, levando-se à incoerência da possível justificativa da espera pela criação de uma nova estrutura para atender ao Programa. Atestando, por fim, que, mesmo sendo oficialmente determinada a articulação entre os órgãos federais envolvidos no Programa, ainda estão pendentes as normatizações dos compromissos e procedimentos a serem assumidos e executados.

Os demais fatores destacados pelos entrevistados dizem respeito à essencial proatividade das pessoas envolvidas nas ações operacionais do Programa, que conforme suas descrições dependem do nível de competência, ou seja, conhecimentos e habilidades necessários para o desenvolvimento das atividades. Tal fato requer dos órgãos promotores do Programa a difusão de informações sobre as concepções, objetivos, infraestrutura, dentre outras inerentes às boas práticas para o desenvolvimento do Programa. O que destaca a necessidade de uma capacitação dos envolvidos sobre os procedimentos que deverão realizar, para o cumprimento de suas responsabilidades.

Um dos fatores de maior complexidade no desenvolvimento de políticas públicas encontra-se na fragilidade ou ausência de sua adesão por parte das pessoas envolvidas. Conforme o relato dos entrevistados, a presença desse fenômeno no desenvolvimento do Pronatec Bolsa-Formação pelo Ifma se dá pelo simples desinteresse pessoal, pela defesa de interesses contrários ou particulares ou, ainda, por não compartilharem das concepções, objetivos, metas ou quaisquer dos aspectos que configuram o Programa. Em última análise, seja qual for a fonte da negação, o resultado se apresenta na maioria dos casos por meio da inércia, que obstaculiza a realização das atividades e, consequentemente, adia o alcance dos resultados.

Todos os fatores elencados pelos participantes da entrevista, como aqueles que impactam no desenvolvimento do Pronatec Bolsa-Formação pelo Ifma, ratificam a necessidade de um processo avaliativo sistemático do Programa, preferencialmente compartilhado com segmentos da sociedade que garantam a diversidade e criticidade das perspectivas de avaliação. Esse processo avaliativo deveria realizar verificações e detectar gargalos de toda ordem, não omitindo a possibilidade de revisar as concepções e diretrizes do Programa, assim como indicar as ações necessárias para a superação dos obstáculos enfrentados.

Ao serem questionados sobre avaliações externas do Pronatec Bolsa-Formação ocorridas desde sua implantação em 2011 até a data da entrevista, os entrevistados do Ifma citaram a realização de uma auditoria pelo MEC, a partir da visita de técnicos selecionados dentre os servidores da Rede Federal de EPT de outros estados brasileiros. Esses profissionais realizaram inspeções junto ao Instituto para verificação do cumprimento das diretrizes normativas do Programa. Posteriormente, retornou ao Instituto um relatório com indicação dos itens atendidos plenamente, aqueles que foram parcialmente atendidos e os que não foram atendidos, sobre os quais prontamente foi encaminhada resposta ao Ministério.

No que se refere à avaliação das responsabilidades dos demandantes, segundo sua representante entrevistada, não houve nenhuma avaliação do Programa, sendo somente recebida uma visita de representantes do Conselho Nacional de Secretários de Educação (Consed), que solicitaram informações quantitativas sobre a execução do Pronatec.

Ao solicitar aos entrevistados que discorressem sobre a concepção de EPT do Pronatec Bolsa-Formação, percebeu-se a dificuldade na elaboração das respostas, levando-os a optarem por emitir opinião sobre aspectos considerados relevantes e positivos do Programa, tais como: o destaque dado à EPT como políticas públicas brasileira de educação; a interiorização da EPT, levando qualificação profissional a lugares que a rede estadual não tinha perspectiva para alcançar a curto ou médio prazo; o disciplinamento da oferta de cursos FIC e Técnico; o acesso dado à população com alto nível de vulnerabilidades sociais, que se encontrava à margem dos processos de qualificação profissional. A dificuldade da emissão de opinião sobre a concepção de EPT percebida na proposta e execução do Pronatec Bolsa-Formação, pode ser interpretada como oriunda da falta de clareza da direção político-pedagógica do modelo formativo do Programa.

Quanto aos possíveis contrastes entre a concepção de EPT do Pronatec Bolsa-Formação e aquela assumida pelo Ifma, segundo o gestor institucional do Ifma, o maior impasse gerado encontra-se no direcionamento dos cursos FIC como ação majoritária do Programa, o que contrasta com a vocação dos Institutos Federais em promover cursos técnicos e tecnológicos. Afirmando, ainda, que houve bastante desconforto dentro da Rede Federal de EPT e profundas discussões no Conif, que levaram os representantes dos Institutos Federais a decidirem pela resposta imediata ao chamado do Governo Federal – considerando a experiência da Instituição no eixo de extensão e a necessidade do cumprimento da meta do Programa – porém, sob a condição de que ficasse firmado o compromisso para que em curto prazo, a maioria de suas ofertas migre para cursos técnicos.

Por fim, constata-se que a concepção de EPT, contida nas determinações do Pronatec Bolsa-Formação, em sua maioria encontra forte ressonância na objetivação do Programa, mesmo sendo verificadas algumas distorções e ausências. Essa constatação é atribuída, principalmente, pelo fato do Programa ser percebido de forma muito prática por seus executores e beneficiários, enfatizando sua eficácia na superação das pressões socioeconômicas sentidas pela população, haja vista a sua correspondência às necessidades imediatas de um mercado de trabalho. Alia-se a esse tipo de percepção, a incorporação de vastos processos operacionais na rotina de trabalho dos profissionais envolvidos, colocando em primeiro plano os obstáculos e levando-os a priorizarem sua superação para a execução de suas responsabilidades.

Considerações sobre a concepção de EPT do Pronatec Bolsa-Formação

Considera-se, enfim, que a política pública de EPT efetivada pelo Pronatec, assim como as demais políticas públicas educacionais brasileiras, tem sua base na lógica neoliberal imposta pela hegemonia capitalista do modelo de acumulação por produção flexível. Destacando-se como fator de maior influência a apropriação da subjetividade do trabalhador, tornando-o mais adaptável às mudanças e necessidades do processo produtivo. Dentre outros aspectos decorrentes da reforma brasileira da EPT, ressalta-se a transmutação da perspectiva da qualificação profissional para a competência profissional, que trouxe consigo os fenômenos da requalificação e da desqualificação, que estratificam de forma desigual a classe trabalhadora, dividindo-a entre à minoria que será direcionada às atividades mais complexas e os muitos que irão permanecer em atividades simples. Resultando ainda desse processo, uma parcela significativa de excluídos de qualquer condição de inserção no mercado de trabalho. Diante de um contexto socioeconômico suficientemente complexo e das exigências de reformas educacionais, entre as quais a inclusão de políticas públicas de EPT, faz-se relevante para essa análise considerar algumas peculiaridades da nação brasileira, dentre elas: suas dimensões territorial, populacional e político-administrativa (8.515.767,049 km²; 202.768.562 habitantes, distribuídos em 27 unidades federativas e 5.570 municípios[14]); sua desigualdade social (10% da população mais rica concentra 42% da renda do país[15]) e seu déficit educacional (16% da população com 25 ou mais anos é analfabeta; os escolarizados dessa faixa etária têm em média 7,6 anos de escolaridade, o que ainda não é suficiente para cumprir todo o ensino fundamental; menos de 7% do PIB é direcionado à Educação[16]).

Desde o início do processo de adequação brasileira aos impositivos do sistema econômico internacional, assimilados e assumidos pelo poder político, a sociedade brasileira vem assistindo a sucessivas implantações de políticas públicas de

---

14 Dados divulgados pelo IBGE em 28/08/2014, por meio do relatório anual de estimativas populacionais dos municípios
15 Dados divulgados pelo IBGE em 29/11/2013, por meio do relatório Sínteses de Indicadores Sociais.
16 Dados divulgados pelo Ipea, disponíveis no site da IPEDATA, na base de dados e indicadores sociais, sob o tema desempenho educacional.

EPT, que por desconsiderarem as condições desafiadoras e ainda longe de serem superadas, as quais o país encontra-se imerso, acabam por se tornarem ações paliativas e inócuas. Ações essas configuradas em programas de qualificação profissional, desenvolvidos em sua maioria por instituições privadas e cursos de curta duração, que a priori amenizam a pressão do setor produtivo por mão de obra qualificada, mantêm o mercado de formação profissional e, em tese, cumprem o papel social do Estado na promoção da equidade de oportunidade.

As políticas públicas de EPT implantadas desde a redemocratização do país, gradativamente foram sendo aperfeiçoadas, de acordo com os avanços da reforma do Estado. As reformas da EPT, instituídas pela LDB 9.394/96, vem sendo regulamentadas em meio a embates entre propostas que defendem diferentes interesses, comuns a uma sociedade de classe. Entretanto, na luta desigual, prevalece os interesses daqueles com maior poder de articulação e barganha, sendo as determinações apresentadas como fruto da harmonização das propostas. Contudo, essa harmonização se dá pela aplicação de estratégias de desconsideração, negação, distorção e, até mesmo, condensação superficial de propostas antagônicas, com o uso indiscriminado de terminologias, conceitos e valores conflituosos.

A percepção do caráter assimétrico e contraditório da política pública brasileira de EPT, expresso nas normativas e objetivações, assim como na relação entre elas, motivaram a construção da problemática central deste estudo, que consistiu no questionamento sobre o significado/sentido, ou seja, a concepção de EPT reconhecida no Pronatec, enquanto política pública desenvolvida no Brasil no contexto da reestruturação produtiva do capitalismo.

Durante o desenvolvimento dessa obra, a coleta de informações empíricas, as análises e reconstruções do conhecimento sobre o objeto geraram uma interpretação do movimento da realidade, num contexto de relações sociais contraditórias.

Revelando ao seu final que a construção e articulação dos resultados de cada uma das etapas da pesquisa, conduziram o estudo ao alcance da resposta do questionamento inicial e a produção do texto dissertativo.

Dispondo de um referencial teórico para a compreensão da influência da reestruturação produtiva sobre as relações de trabalho e a qualificação do trabalhador, foi possível fundamentar a pesquisa na perspectiva de que, mesmo sendo seu objeto uma ação pontual, tornar-se-ia essencial contemplar a dimensão da totalidade em que ele está inserido e com a qual mantém influência mútua.

A construção de um histórico das políticas públicas de EPT no Brasil, desde o regime militar até o primeiro governo de Dilma Rousseff, contribuiu para que a análise sobre o Pronatec Bolsa-Formação reconhecesse o caráter histórico de sua realidade, atestando que muitos aspectos relacionados a sua concepção de EPT, são oriundos de processos iniciados muito antes de sua formalização e implantação.

O levantamento de informações sobre a elaboração, implantação e desenvolvimento do Pronatec, com destaque às repercussões positivas e contrárias na sociedade, evidenciou as contradições e mediações comuns às políticas públicas educacionais. Assim, percebeu-se os conflitos de interesses, as relações de poder, as resistências, enfim, as forças que movimentam a realidade e a configuram, as quais contribuíram para o delineamento da concepção de EPT do Pronatec Bolsa-Formação.

O processo de aparente harmonização tratado anteriormente parece estar presente no discurso oficial que institui o Pronatec como política pública educacional de Estado, na ênfase de sua contribuição para o desenvolvimento da nação e para a oferta de assistência aos excluídos. Assim, permite-se o acesso da população à formação profissional ou à suplementação ao desemprego estrutural, por meio de ações educativas fragmentadas e de baixo custo. Não havendo direcionamento para a transformação da ideologia hegemônica ou qualquer enfrentamento da desigualdade social.

No processo de análise da base normativa do Pronatec Bolsa-Formação, emergiram significados/sentidos explícitos e implícitos de seus conceitos, interesses, objetivos, compromissos, relações, orientações, procedimentos e tantos outros aspectos. Assim, apreendeu-se a concepção de EPT do Programa como correspondente às necessidades do mercado de trabalho, tanto do ponto de vista de sua demanda pela diversidade de qualificação da força de trabalho, como pela mercantilização do processo de formação profissional. Assim como, também pela condição alheia à participação ativa da sociedade em suas deliberações, desenvolvimento e avaliação.

Com a análise da forma de objetivação do Pronatec Bolsa-Formação no Ifma, refletida nos dados quantitativos e estatísticos e, também, no discurso dos entrevistados, tanto foi atestada a concepção de EPT já reconhecida na base normativa, como também foram identificados novos significados/sentidos. Com destaque para seu caráter mantenedor da dualidade entre trabalho manual e intelectual, por via da fragilidade de sua articulação com o ensino médio e pela dicotomia entre a formação inicial e a formação técnica de nível médio. Prevalecendo, ainda, em sua proposta conteúdos tecnológicos de âmbito funcional, desconsiderando temas históricos, sociais e culturais intrínsecos à condição de vida dos participantes.

O processo de objetivação do Pronatec Bolsa-Formação no Ifma revelou alguns obstáculos para o seu desenvolvimento, trazendo à tona problemáticas de ordem estrutural e operacional do Programa, que em sua maioria são negligenciadas pelo poder público, implicando em limites da ação formativa, precarização do trabalho docente e o esvaziamento de críticas mais elaboradas.

Enfim, cabe considerar que este texto dissertativo não esgota a problemática, mas traz algumas interpretações sobre o discurso oficial, a base normativa e o movimento histórico específico de desenvolvimento do Pronatec Bolsa-Formação numa instituição pública federal, enfatizando a concepção de educação profissional que se viabiliza como política pública. As condições de implantação adversa nessa Instituição, provavelmente, reproduzem-se em outros contextos institucionais oficiais. Diante de tais evidências, tornam-se necessários outros estudos que ampliem as possibilidades de generalização do conhecimento, incluindo aqueles direcionados para a análise desse problema na oferta de instituições privadas.

Pretende-se incluir as contribuições desse material na área de estudo de Trabalho e Educação, em especial no que se refere às políticas públicas de educação profissional e tecnológica, oportunizando a abertura de debate junto à comunidade científica e a continuidade de pesquisas que aproximem cada vez mais o conhecimento científico da realidade concreta desse objeto de estudo. Porém, de formais ainda mais contundente requer-se que essa obra possa contribuir com aqueles que desenvolvem programas de EPT, estejam em quaisquer instâncias ou funções, a fim de que aprimorem suas reflexões e fundamentem suas práticas institucionais.

A abrangência e diversidade de iniciativas do Pronatec frente à necessidade de recorte na elaboração de uma pesquisa, trazem limites às contribuições de seus resultados, visto a complexidade de sua problemática. Por outro lado, essa mesma limitação gera a perspectiva de um programa de pesquisas sobre a temática, em diferentes contextos institucionais, regionais e nacional, podendo estender-se em vários sentidos, como: reconhecimento das demais iniciativas do Programa; execução do Bolsa-Formação pelos demais ofertantes; aprofundamento de alguns dos fenômenos identificados na análise da objetivação do Programa no Ifma. Enfim, sendo o Pronatec um programa relativamente recente, muitos e significativos questionamentos ainda estão por serem respondidos, cabendo aos estudiosos interessados encaminharem suas pesquisas nesse sentido.

REFERÊNCIAS

AIRES, Luísa. **Paradigma qualitativo e práticas de investigação educacional**. [Em linha]. Lisboa: Universidade Aberta, 2011. Disponível em: <http://hdl.handle.net/10400.2/2028>. Acesso em: 24 jan. de 2014.

ANDERSON, Perry. O Brasil de Lula. **Novos Estudos-CEBRAP**, n. 91, p. 23-52, 2011.

ANPED. **Moção de nº 06 sobre o Pronatec, aprovada na Assembleia Geral da Anped 2011**. Natal, 04 out. de 2011. Disponível em:<http://www.anped.org.br/anped/biblioteca-anped/mocoes>. Acesso em: 19 ago. de 2014.

ANPED. **Moção de nº 8 sobre o Pronatec, aprovada na Assembleia Geral da Anped 2012**. Porto de Galinhas, 24 out. 2012. Disponível em: <http://www.anped.org.br/anped/biblioteca-anped/mocoes>. Acesso em: 23 ago. de 2014.

ANPED. **Moção de nº 06 sobre o Pronatec, aprovada na Assembleia Geral da Anped 2013**. Goiânia, 02 out. 2013. Disponível em: <http://www.anped.org.br/anped/biblioteca-anped/mocoes>. Acesso em: 23 ago. de 2014.

ARAÚJO, Judith Maria Daniel de. A direção e o sentido da educação profissionalizante industrial e o decreto 2.208/97. In: FRIGOTTO, Gaudêncio (Org.). **Educação profissional e tecnológica**: memória, contradições e desafios. p. 63-97. Campos dos Goytacazes: Essentia Editora, 2006.

ARAÚJO, Luiz. Os fios condutores do PDE são antigos. **Jornal de Políticas Educacionais**, p. 24-31. v. 1, n. 2, 2007.

BATISTA, Paulo Nogueira. **O consenso de Washington: a visão neoliberal dos problemas latino-americanos**, 1994. Disponível em: <http://www.fau.usp.br/cursos/ graduacao/ arq_urbanismo/disciplinas/aup0270/4dossie/nogueira94/ nog94-cons-washn .pdf>. Acesso em: 14 maio de 2014.

BRASIL. Decreto nº 53.324, de 18 de dezembro de 1963. Aprova o Programa Intensivo de Preparação da Mão de obra Industrial e dá outras providências. **Diário Oficial da União.** Brasília, DF: 19 dez.1963, Seção 1, p. 10757.

_____. Lei nº 5.692, de 11 de agosto de 1971. Fixa Diretrizes e Bases para o ensino de 1º e 2º graus, e dá outras providências. **Diário Oficial da União.** Seção 1. 12/08/1971. p. 6377

_____. Decreto nº 70.882, de 27 de julho de 1972. Dispõe sobre o Programa Intensivo de Preparação de Mão de obra - Pipmo e dá outras providências. **Diário Oficial da União.** Brasília, DF: 28 jul. 1972. Seção 1, p. 6705

_____. Decreto nº 75.081, de 12 de Dezembro de 1974. Vincula ao Ministério do Trabalho o Programa Intensivo de Preparação de Mão-de-Obra - PIPMO, aprovado pelo Decreto nº 53.324, de 18 de dezembro de 1963, e dá outras providências. **Diário Oficial da União.** Seção 1. 13/12/1974. p. 14305

_____. Lei nº 6.297, de 15 de Dezembro de 1975. Dispõe sobre a dedução do lucro tributável, para fins de imposto sobre a renda das pessoas jurídicas, do dobro das despesas realizadas em projetos de formação profissional, e dá outras providências. **Diário Oficial da União.** Seção 1. 16/12/1975. p. 16677

_____. Lei nº 7.044 de 18 de outubro de 1982. Altera dispositivos da Lei nº 5.692, de 11 de agosto de 1971, referentes a profissionalização do ensino de 2º grau. **Diário Oficial da União.** Seção 1. 19/10/1982a. p. 19539.

_____. Decreto nº 87.795, de 11 de Novembro de 1982. Extingue o Programa Intensivo de Preparação de Mão-de-Obra-PIPMO, e dá outras providências. **Diário Oficial da União.** Seção 1. 12/11/1982b. p. 21161.

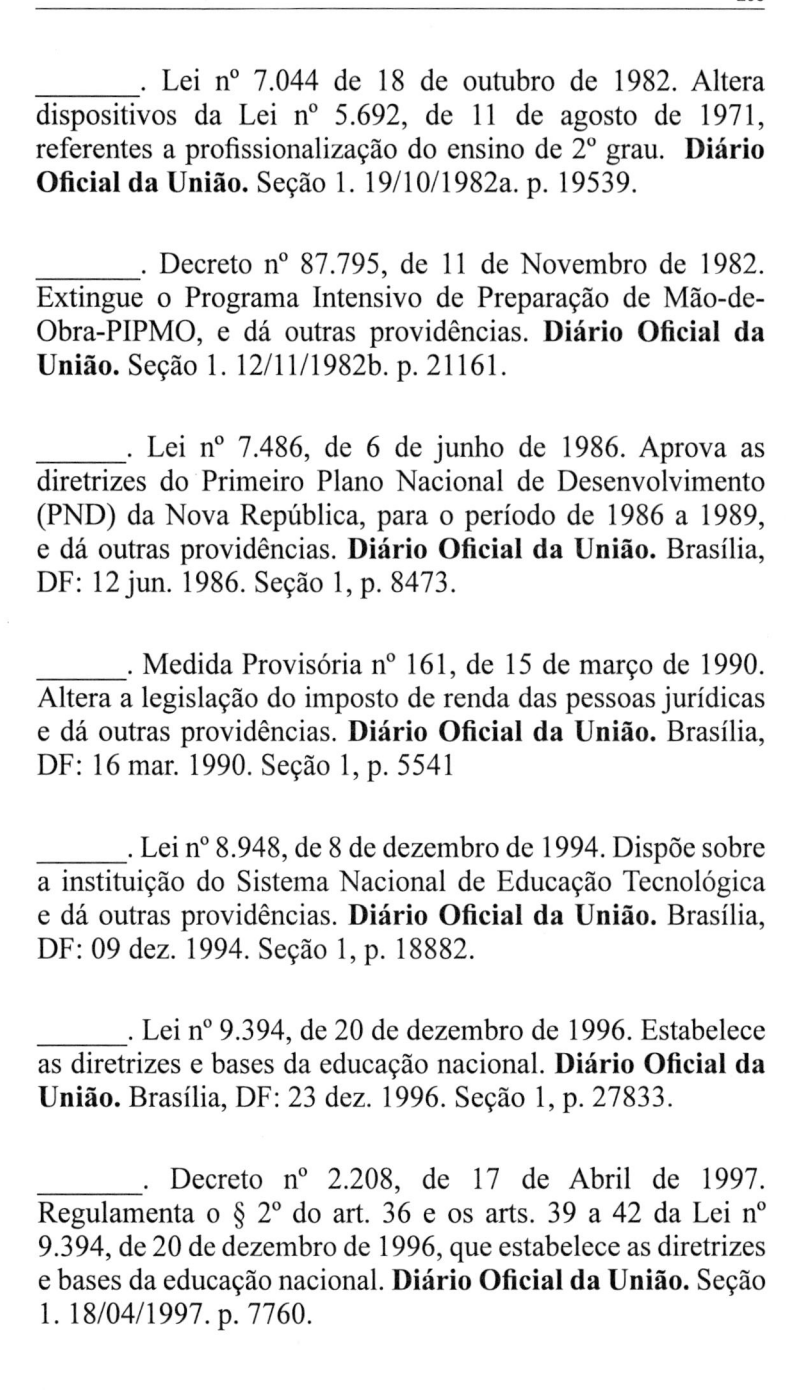

_____. Lei nº 7.486, de 6 de junho de 1986. Aprova as diretrizes do Primeiro Plano Nacional de Desenvolvimento (PND) da Nova República, para o período de 1986 a 1989, e dá outras providências. **Diário Oficial da União.** Brasília, DF: 12 jun. 1986. Seção 1, p. 8473.

_____. Medida Provisória nº 161, de 15 de março de 1990. Altera a legislação do imposto de renda das pessoas jurídicas e dá outras providências. **Diário Oficial da União.** Brasília, DF: 16 mar. 1990. Seção 1, p. 5541

_____. Lei nº 8.948, de 8 de dezembro de 1994. Dispõe sobre a instituição do Sistema Nacional de Educação Tecnológica e dá outras providências. **Diário Oficial da União.** Brasília, DF: 09 dez. 1994. Seção 1, p. 18882.

_____. Lei nº 9.394, de 20 de dezembro de 1996. Estabelece as diretrizes e bases da educação nacional. **Diário Oficial da União.** Brasília, DF: 23 dez. 1996. Seção 1, p. 27833.

_____. Decreto nº 2.208, de 17 de Abril de 1997. Regulamenta o § 2º do art. 36 e os arts. 39 a 42 da Lei nº 9.394, de 20 de dezembro de 1996, que estabelece as diretrizes e bases da educação nacional. **Diário Oficial da União.** Seção 1. 18/04/1997. p. 7760.

_____. Lei nº 10.097, de 19 de dezembro de 2000. Altera dispositivos da Consolidação das Leis do Trabalho - CLT, aprovada pelo Decreto-Lei n. 5.452, de 1º de maio de 1943. **Diário Oficial da União.** Brasília, DF: 20 dez. 2000. Seção 1, p. 1.

_____. Lei nº 10.172, de 9 de janeiro de 2001. Aprova o Plano Nacional de Educação e dá outras providências. **Diário Oficial da União.** Brasília, DF: 10 jan. 2001. Seção 1, p. 1.

_____. Decreto nº 5.154, de 23 de Julho de 2004. Regulamenta o § 2º do art. 36 e os arts. 39 a 41 da Lei nº 9.394, de 20 de dezembro de 1996, que estabelece as diretrizes e bases da educação nacional, e dá outras providências. **Diário Oficial da União.** Seção 1. 26/07/2004. p. 18.

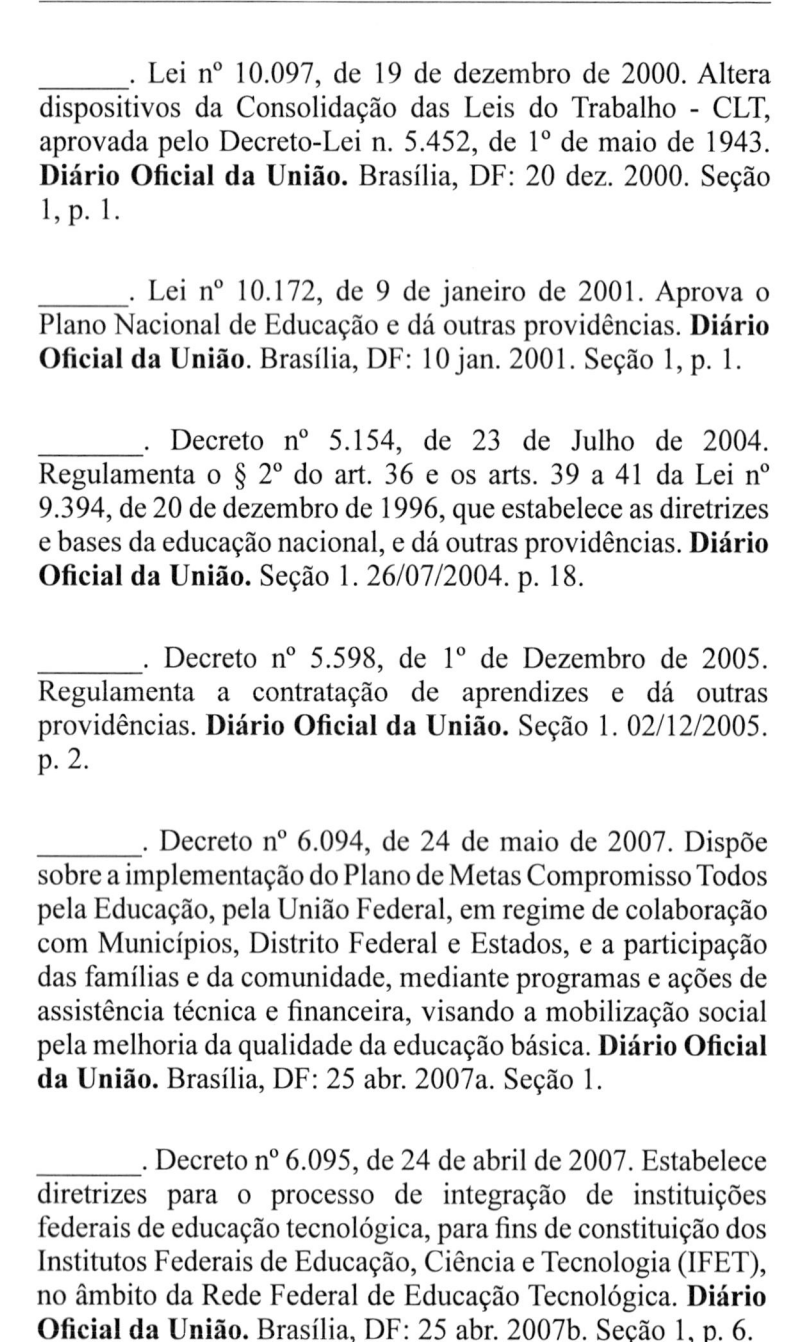

_____. Decreto nº 5.598, de 1º de Dezembro de 2005. Regulamenta a contratação de aprendizes e dá outras providências. **Diário Oficial da União.** Seção 1. 02/12/2005. p. 2.

_____. Decreto nº 6.094, de 24 de maio de 2007. Dispõe sobre a implementação do Plano de Metas Compromisso Todos pela Educação, pela União Federal, em regime de colaboração com Municípios, Distrito Federal e Estados, e a participação das famílias e da comunidade, mediante programas e ações de assistência técnica e financeira, visando a mobilização social pela melhoria da qualidade da educação básica. **Diário Oficial da União.** Brasília, DF: 25 abr. 2007a. Seção 1.

_____. Decreto nº 6.095, de 24 de abril de 2007. Estabelece diretrizes para o processo de integração de instituições federais de educação tecnológica, para fins de constituição dos Institutos Federais de Educação, Ciência e Tecnologia (IFET), no âmbito da Rede Federal de Educação Tecnológica. **Diário Oficial da União.** Brasília, DF: 25 abr. 2007b. Seção 1, p. 6.

_____. Decreto nº 6.633, de 5 de novembro de 2008. Altera e acresce dispositivos ao Regulamento do Serviço Nacional de Aprendizagem Comercial (Senac), aprovado pelo Decreto nº 61.843, de 5 de dezembro de 1967. **Diário Oficial da União.** Brasília, DF: 06 nov. 2008a. Seção 1, p. 2

_____. Decreto nº 6.635, de 5 de novembro de 2008. Altera e acresce dispositivos ao Regimento do Serviço Nacional de Aprendizagem Industrial (Senai), aprovado pelo Decreto nº 494, de 10 de janeiro de 1962. **Diário Oficial da União.** Brasília, DF: 06 nov. 2008b. Seção 1, p. 4.

_____. Lei nº 11.892, de 29 de dezembro de 2008. Institui a Rede Federal de Educação Profissional, Científica e Tecnológica, cria os Institutos Federais de Educação, Ciência e Tecnologia, e dá outras providências. **Diário Oficial da União.** Brasília, DF: 30 dez. 2008c. Seção 1, p. 1.

_____. Lei nº 12.513, de 26 de Outubro de 2011. Institui o Programa Nacional de Acesso ao Ensino Técnico e Emprego (Pronatec); altera as Leis nº 7.998, de 11 de janeiro de 1990, que regula o Programa do Seguro- Desemprego, o Abono Salarial e institui o Fundo de Amparo ao Trabalhador (FAT), nº 8.212, de 24 de julho de 1991, que dispõe sobre a organização da Seguridade Social e institui Plano de Custeio, nº 10.260, de 12 de julho de 2001, que dispõe sobre o Fundo de Financiamento ao Estudante do Ensino Superior, e nº 11.129, de 30 de junho de 2005, que institui o Programa Nacional de Inclusão de Jovens (ProJovem); e dá outras providências. **Diário Oficial da União.** Seção 1. 27/10/2011. p. 1

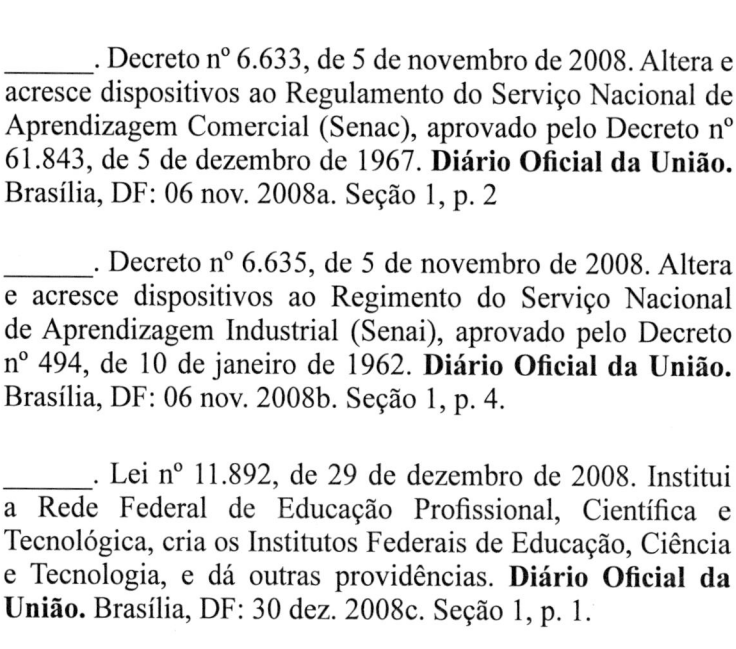

BRASIL. MEC. **Protocolo de Compromisso de Gratuidade CNC, 22/07/2008**. Protocolo de compromisso que entre si fazem o Ministério da Educação (MEC), o Ministério do Trabalho e Emprego (MTE), o Ministério da Fazenda (MF), a Confederação Nacional do Comércio de Bens, Serviços e Turismo (CNC), o Serviço Nacional de Aprendizagem Comercial (Senac) e o Serviço Social do Comércio (Sesc). Brasília: 2008c. Disponível em: <http://portal.mec.gov.br/arquivos/pdf/protocolocnc.pdf>. Acesso em: 25 ago. de 2014.

_____. _____. **O que é o Plano Decenal de Educação para todos.** Brasília: MEC, 1993.

_____. _____. **O Plano de Desenvolvimento da Educação:** razões, princípios e programas. Brasília, DF: MEC, 2008.

_____. _____. **Portaria No. 1.568, de 3 de novembro de 2011.** Aprova o Guia Pronatec de Cursos de Formação Inicial e Continuada. Brasília: MEC, 2011. Disponível em: <http://pronatec.mec.gov.br/images/stories/pdf/portaria_1568.pdf>. Acesso em: 25 ago. 2014.

_____. _____. **Portaria MEC Nº 161, de 6 de março de 2013.** Dispõe sobre o Fundo de Financiamento Estudantil, na modalidade de educação profissional e tecnológica. Brasília, 2013a. Disponível em: <http://pronatec.mec.gov.br/images/stories/pdf/portaria_161_060313.pdf>. Acesso em: 25 ago. de 2014.

_____. _____. **Portaria MEC Nº 168, de 7 de março de 2013.** Dispõe sobre a oferta da Bolsa-Formação no âmbito do Programa Nacional de Acesso ao Ensino Técnico e Emprego - Pronatec, de que trata a Lei nº 12.513, de 26 de outubro de 2011, e dá outras providências. Brasília, 2013b. Disponível em: <http://pronatec.mec.gov.br/images/stories/pdf/ portaria_161_060313.pdf>. Acesso em: 25 ago. de 2014.

BRASIL. MEC. CNE. **Parecer CNE/CEB nº 16/1999, 5 de outubro de 1999.** Dispõe sobre as Diretrizes Curriculares Nacionais para a Educação Profissional de Nível Técnico. Brasília: MEC/CNE, 1999a.

_____. _____. _____. **Resolução CNE/CEB n.º 4, de 8 de novembro de 1999.** Institui as Diretrizes Curriculares Nacionais para a Educação Profissional de Nível Técnico. Brasília, 1999b.

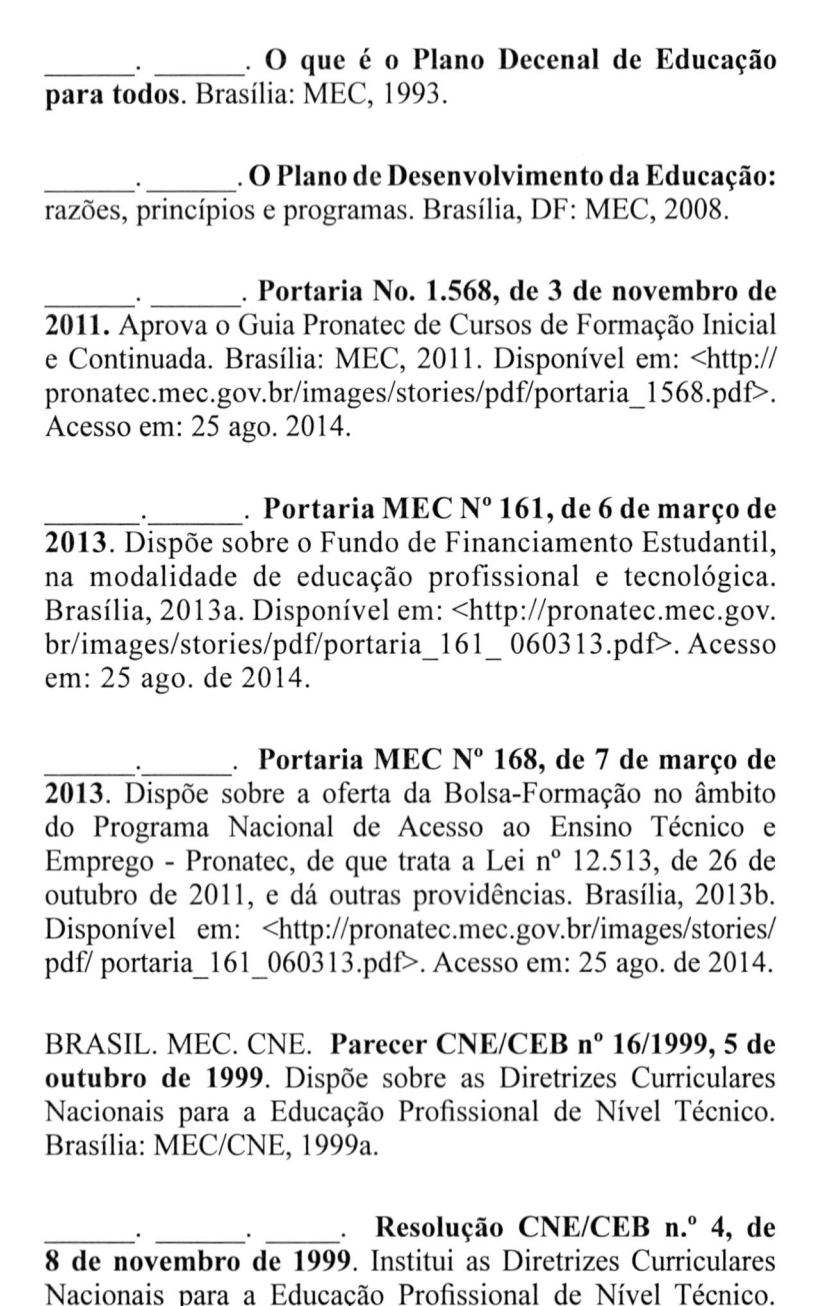

_____. _____. _____. **Resolução CNE/CEB n.º 3, de 9 de julho de 2008**. Dispõe sobre a instituição e implantação do Catálogo Nacional de Cursos Técnicos de Nível Médio. Brasília, 2008.

BRASIL.MEC.FNE. **O PNE na articulação do Sistema Nacional de Educação:** participação popular, cooperação federativa e regime de colaboração - Documento Referência. Brasília: Fórum Nacional de Educação, 2012. Disponível em: <http://conae2014.mec.gov.br/images/pdf/doc_referencia.pdf>. Acesso em: 13 set. 2014.

BRASIL.MEC.IFMA. **Relatório de gestão do exercício de 2013**. Relatório de Gestão apresentado aos órgãos de controle interno e externo como prestação de contas ordinária anual a que esta Unidade está obrigada nos termos do art. 70 da Constituição Federal. Disponível em: <https://contas.tcu.gov.br/econtrole/ObterDocumentoSisdoc?codArqCatalogado=7267899&seAbrirDocNoBrowser=1>. Acesso em: 23 dez. de 2014.

BRASIL.MEC.SETEC. **Um novo modelo em educação profissional e tecnológica** - Concepção e diretrizes. Brasília: MEC/SETEC, 2010. Disponível em: <http://portal.mec.gov.br/index.php?gid=6691&option=com_docman&task=doc_download>. Acesso em: 23 dez. de 2014.

BRASIL.MEC.SETEC. **Manual de operação do Sistec (Bolsa-Formação Estudante e Bolsa- Formação Trabalhador)**. Brasília: MEC/SETEC, 2012. Disponível em: <http://sitesistec.mec.gov.br/images/arquivos/pdf/manual_operacao_sistec_bf.pdf>. Acesso em: 22 ago. de 2014.

_____. _____. _____. **Relatório de gestão do exercício de 2013**. Documento apresentado aos órgãos de controle interno e externo como prestação de contas anual a que esta unidade está obrigada, nos termos do art. 70 da Constituição Federal. Brasília: Gabinete SETEC, 2014. Disponível em <https://contas.tcu.gov.br/econtrole/ObterDocumentoSisdoc?codArqCatalogado=7267899&seAbrirDocNoBrowser=1>. Acesso em: 21 ago. de 2014.

BRAVERMAN, Harry. **Trabalho e capital monopolista**: a degradação do trabalho no século XX. 3. ed. Rio de Janeiro: LTC Editora, 1987.

CABRAL NETO, Antônio; DE ALMEIDA, Maria Doninha. Educação e gestão descentralizada: conselho diretor, caixa escolar, projeto político-pedagógico. **Em aberto**, Brasília, v. 17, n. 72, 2000.

_____. Gestão e qualidade de ensino: um labirinto a ser percorrido. In: SOUSA JÚNIOR, Luiz de. FRANÇA, Magna. FARIAS, Maria Salete B. de (Orgs). **Seminário regional de políticas e administração da educação do nordeste:** políticas de gestão e práticas educativas – a qualidade do ensino. p. 263-277. Brasília: Editora Liber Livro, 2011.

CASALI, A. Fundamentos para uma avaliação educativa. In: CAPPELLETTI, I. F. **Avaliação da aprendizagem:** discussão de caminhos. São Paulo: Ed. Articulação Univ./Escola, 2007.

CARDOZO, Maria José Pires Barros. **A reforma do ensino médio e a formação dos estudantes:** desvendando a ideologia das competências e da empregabilidade. São Luís: Edufma, 2009.

CARNOY, Martin. **Mundialização e reforma da educação**: o que os planejadores devem saber. Brasília: Unesco, 2002.

CASTELLS, Manuel. **A sociedade em rede**. São Paulo, Paz e Terra, 1999. V. 1

CHAGAS, Paulo Victor. **Dilma diz que criará segunda etapa do Pronatec após cumprir meta de matrículas**: matéria. [24 de abril, 2014]. Brasília: Empresa Brasileira de Comunicação (EBC). Disponível em: <http://agenciabrasil.ebc.com.br/ educacao/noticia/2014-04/dilma-diz-que-criara-segunda-etapa-do-pronatec-apos-cumprir-meta-de>. Acesso em: 22 ago. de 2014.

CHESNAIS, François. Mundialização Do Capital E Jogo Da Lei Da População Inerente Ao Capitalismo. In: SOUSA, Antônia De Abreu. Et Al. (Orgs.). **Trabalho, Capital Mundial E Formação Dos Trabalhadores**. Fortaleza: Editora Senac; Edições UFC, 2008.

CIAVATTA, Maria; RAMOS, Marise. Ensino Médio e Educação Profissional no Brasil: dualidade e fragmentação. **Retratos da Escola**, v. 5, n. 8, p. 27-41, 2011.

CNTE. Os riscos do Pronatec para a educação técnica profissional. **Revista Retratos da Escola**. Brasília, v. 5, n. 8, p. 179-184, jan./jun. 2011. Disponível em: <http//www.esforce.org.br>. Acesso em 19 ago. de 2014.

COLIGAÇÃO. Para o Brasil seguir mudando (PT-PMDB-PCdoB-PDT-PRB-PR-PSB-PSC-PTC-PTN): **Os 13 compromissos programáticos de Dilma Rousseff para debate na sociedade brasileira**. Brasília: 2010.

CONTEE. **Ação direta de inconstitucionalidade com pedido de liminar contra a íntegra dos artigos 20, 20-A E 20-B, da Lei nº 12.513/2011, por flagrante violação ao disposto Art. 24, Inciso IX, 207, 209 e 211, todos da Constituição da República Federativa do Brasil.** Brasília: DF. 2013

CORIAT, Benjamin. **Pensar pelo avesso**: o modelo japonês de trabalho e organização. Tradução: Emerson S. da Silva. Rio de Janeiro: Editora Revan - UFRJ, 1994.

CUNHA, Luiz Antônio. Nova reforma do ensino superior: a lógica reconstruída. **Cadernos de Pesquisa**. São Paulo, n. 101, p. 20-49, jul. 1997.

_____. **O ensino profissional na irradiação do industrialismo**. 2. ed. São Paulo: Ed. Unesp; Brasília, DF: FLASCO, 2005.

DAROS, Marcia da Mota. **O Programa Brasileiro da Qualidade e Produtividade**: uma análise de política. Campinas, SP.: [s.n.], 1997.

DOURADO, Luiz Fernandes. Avaliação do Plano Nacional de Educação 2001-2009: questões estruturais e conjunturais de uma política. **Educação & Sociedade**. Campinas, v. 31, n. 112, p. 677-705, jul./set. 2010. Disponível em: <http://www.cedes.unicamp.br>. Acesso em: 21 maio de 2014.

FAGNANI, Eduardo. Política social e pactos conservadores no Brasil: 1964/92. **Economia e Sociedade,** Campinas, n. 8, p. 183-238, jun. 1997.

_____. A política social do Governo Lula (2003-2010): perspectiva histórica. **Revista SER Social,** v. 13, n. 28, p. 41-80, jan./jun. 2011.

FIGUEIREDO, Ivana. **Tramitação do Pronatec avança nas comissões e deve ser concluída ainda em agosto**: matéria. [17 de agosto, 2011]. Brasília: Site oficial PT na Câmara. Disponível em: <http://ptnacamara.org.br/index.php/home/noticias/item/8460-tramita%C3%A7%C3% A3o-do-pronatec-avan%C3%A7a-nas-comiss%C3%B5es-e-deve-ser-conclu%C3%ADda-ainda-em-agosto >. Acesso em: 19 ago. de 2014.

FRANCO, Maria Ciavatta. Formação profissional para o trabalho incerto: um estudo comparativo Brasil, México e Itália. In: FRIGOTTO, G. (Org,). **Educação e crise do trabalho:** perspectivas de final de século. p. 100-137. 12. ed. Petrópolis, RJ: Vozes, 2013.

FRIEDMANN, Georges. **O trabalho em migalhas**. São Paulo: Perspectiva, 1972.

FRIGOTTO, Gaudêncio. **Educação e crise do capitalismo real**. São Paulo: Cortez, 1995.

_____. CIAVATTA, Maria. Educação básica no Brasil na década de 1990: subordinação ativa e consentida à lógica do mercado. **Educação e Sociedade**, v. 24, n. 82, p. 93-130, abr. 2003.

_____. CIAVATTA, Maria; RAMOS, Marise. A política de educação profissional no Governo Lula: um percurso histórico controvertido. **Educação & Sociedade**, v. 26, n. 92 (Especial), p. 1087-1113, out. 2005.

_____. Educação, crise do trabalho assalariado e do desenvolvimento: teorias em conflito. In: FRIGOTTO, Gaudêncio. (Org,). **Educação e crise do trabalho**. p. 25-54. 12. ed. Petrópolis, RJ: Vozes, 2013.

GOHN, Maria da Glória. Movimentos sociais na contemporaneidade. **Revista Brasileira de Educação**, Rio de Janeiro, v. 16, n. 47, p. 333-361, 2011.

HARVEY, David. **Condição pós-moderna**. 6. ed. São Paulo: Ed. Loyola, 1996.

KOSIK, Karel. **Dialética do concreto**. 2 ed. Rio de Janeiro, Paz e Terra, 1976.

KUENZER, Acácia Zeneida. Exclusão includente e inclusão excludente: as novas relações entre educação e trabalho. In: LOMBARDI, José Claudinei, SAVIANI, Demerval, SANFELICE, José Luís (Orgs). **Capitalismo, trabalho e educação**. p. 77-95. Campinas, SP: Autores Associados, 2002.

_____. A educação profissional nos anos 2000: a dimensão subordinada das políticas de inclusão. **Educação & Sociedade**, v. 27, n. 96, p. 877-910, out. 2006.

_____. EM e EP na produção flexível a dualidade invertida. **Retratos da Escola**. Brasília, v. 5, n. 8, p. 43-55, jan./jun. 2011. Disponível em: <http//www.esforce.org.br>. Acesso em: 28 jan. de 2015.

_____. Desafios teórico-metodológicos da relação trabalho-educação e o papel social da escola. In: FRIGOTTO, G. (Org,). **Educação e crise do trabalho:** perspectivas de final de século. p. 55-75. ed. Petrópolis, RJ: Vozes, 2013.

LEITE, Marcia de Paula. **Trabalho e sociedade em transformação:** mudanças produtivas e atores sociais. São Paulo: Editora Fundação Perceu Abramo, 2003.

LOPES, Alice Casimiro. **Políticas curriculares:** continuidade ou mudança de rumos? Revista Brasileira de Educação, n. 26, p. 109-118, 2004.

LOURENÇO, José Celestino. A CUT e o Pronatec: entrevista. [08 de setembro, 2011]. Brasília: **Jornal da CUT**. Entrevista concedida a TV CUT. Disponível em: <http://tv.cut.org.br/programa/381/jornal-da-cut-113>. Acesso em: 19 ago. 2014.

MACHADO, Lucília Regina. **Politécnica, escola unitária e trabalho.** 2.ed. São Paulo: Autores Associados; Cortez Editora, 1991.

MANACORDA, Mario Alighiero. **O princípio educativo em Gramsci.** Porto Alegre: Artes Médicas, 1990.

MANFREDI, Silvia Maria. **Educação Profissional no Brasil.** São Paulo: Cortez, 2002.

MARX, Karl. **O Capital:** crítica da economia política, livro primeiro: o processo de produção do capital. São Paulo: Ed. Nova Cultural Ltda. 1996.

MAY, Tim. **Pesquisa social:** questões, métodos e processos. Porto Alegre: Artmed, 2004.

NETTO, José Paulo; BRAZ, Marcelo. **Economia política:** uma introdução crítica. São Paulo: Cortez, 2010. V.1

OLIVEIRA, Cida de. **Pronatec é bem visto, mas repasse de recursos para escolas privadas preocupa setor**: matéria. [19 de julho, 2011]. Brasília: Rede Brasil Atual (RBA). Disponível em: <http://www.redebrasilatual.com.br/educacao/2011/07/repasse-de-recursos-a-escolas-tecnicas-privadas-e-criticado-pelo>. Acesso em: 19 ago. de 2014.

OTRANTO, Celia Regina. Criação e implantação dos Institutos Federais de Educação, Ciência e Tecnologia – IFETs. **Revista Retta**, v. 1, n. 1, p. 89-110, 2010.

PAIVA, Vanilda. **Produção e qualificação para o trabalho**: uma revisão da bibliografia internacional. In: DIAS, Fernando Correia (Coord.). **Ensino das humanidades**: a modernidade em questão. p. 19-103. São Paulo: Cortez; Brasília: SENEB/MEC, 1991. [Cadernos SENEB, 2].

PEIXOTO, Patrícia E. **Do PLANFOR ao PNQ**: uma análise comparativa sobre os planos de qualificação no Brasil. Mestrado em Política Social. Universidade Federal do Espírito Santo, Centro de Ciências Jurídicas e Econômicas, 2008.

PIRES, Álvaro P. Amostragem e pesquisa qualitativa: ensaio teórico e metodológico. In: POUPART, Jean et al. **A pesquisa qualitativa:** enfoque epistemológicos e metodológicos. p. 154-211. 2. ed. Petrópolis: Vozes, 2010.

RAMOS, Marise Nogueira. **A pedagogia das competências:** autonomia ou adaptação. 3. Ed. São Paulo: Editora Cortez, 2006.

RODRIGUES, J. **Ainda a educação politécnica:** o novo decreto da educação profissional e a permanência da dualidade estrutural. Trabalho, Educação e Saúde, v. 3, n. 2, p. 259-282, 2005.

ROUSSEFF, Dilma. **Governo cria incentivos para formação técnica de jovens e trabalhadores:** entrevista. [14 de fevereiro, 2011(a)]. Brasília: Programa Radiofônico da Empresa Brasileira de Comunicação (EBC) - Café com a presidente. Entrevista concedida a Luciano Seixas. Disponível em: <http://clipping.radiobras.gov.br/>. Acesso em: 19 ago. de 2014.

_____. **Discurso na cerimônia de sanção da lei que cria o Programa Nacional de Acesso ao Ensino Técnico e Emprego (Pronatec).** Brasília, 26 out. 2011b. Disponível em: <http://www2.planalto.gov.br/ acompanhe-o-planalto/ discursos/discursos-da-presidenta/ discurso-da-presidenta-da-republica-dilma-rousseff-na-cerimonia-de-sancao-da-lei-que-cria-o-programa-nacional-de-acesso-ao-ensino-tecnico-e-emprego-pronatec-brasilia-df>. Acesso em: 19 ago. de 2014.

SABBI, Volmir. A influência do Banco Mundial e do BID através do Proep na reforma da educação profissionalizante brasileira da década de 1990. In: **Reunião da Anped – Região Sul, 9**. Caxias do Sul-RS, 2012. Disponível em: <http://www.ucs.br/ etc/conferencias/index.php/anpedsul/9anpedsul/paper/viewFile/93/635>. Acesso em: 15 ago. de 2013.

SANFELICE, José Luís. Dialética e pesquisa em educação. In: LOMBARDI, José Claudinei; SAVIANI, Dermeval (Orgs.). **Marxismo e educação:** debates contemporâneos. p. 71-94. 2. ed. Campinas: Autores Associados: HISTEDBR, 2008.

SAVIANI, Dermeval. **Sobre a concepção de politecnia.** Politécnico da Saúde Joaquim Venâncio, 1989.

_____. O choque teórico da politecnia. **Revista Trabalho, Educação e Saúde.** Rio de Janeiro, v. 1, 1, n. 1, p. 131-152, 2003.

_____. O Plano de Desenvolvimento da Educação: análise do projeto do MEC. **Educação e Sociedade**, v. 28, n. 100, p. 1231-1255, out. 2007.

_____. Sistemas de ensino e planos de educação: o âmbito dos municípios. **Educação & Sociedade.** Campinas, v. 20, n. 69, p. 119-136, dez. 1999. Disponível em <http://www.cedes.unicamp.br>. Acesso em 21 maio 2014.

SINASEFE. **Carta do Sinasefe:** repúdio ao Pronatec. Brasília-DF: 27 de abril de 2014. Disponível em: <http://www.sinasefe.org.br/v3/index.php/materiais-e-midia/doc_details/1189-carta-de-repudio-ao-pronatec>. Acesso em: 25 ago. de 2014.

SOUSA, Salviana de Maria Pastor Santos; PEREIRA, Maria Eunice Ferreira Damasco. A apropriação da noção de competência nas políticas de educação profissional desenvolvidas no Brasil a partir dos anos 1990. In: SILVA, Maria Ozanira da Silva e Silva. **Políticas públicas de trabalho e renda no Brasil contemporâneo.** p. 73-89. São Paulo: Cortez; São Luís, MA: FAPEMA, 2006.

TAUILE, José Ricardo. **Para (re)construir o Brasil contemporâneo:** trabalho, tecnologia e acumulação. Rio de Janeiro: Contraponto, 2001.

VEIGA, Cynthia Greive. **História da educação.** São Paulo: Ática, 2007.

VIEIRA, Gastão; FERREIRA, Izalci. **Deputados discutem o Pronatec e a tramitação do texto no Congresso:** entrevista. [02 de setembro, 2011]. Brasília: Programa Brasil em Debate. Entrevista concedida a TV Câmara. Disponível em: <http://www2.camara.leg.br/ camaranoticias/noticias/trabalho-e-previdencia/202116-deputados-discutem-o-pronatec-e-a-tramitacao-do-texto-no-congresso.html>. Acesso em: 19 ago. de 2014.

VILELA, Elenira. **O Pronatec e seu significado político e econômico.** Publicado em 2011. Disponível em: <http://www.sinasefe-sc.org.br/>. Acesso em: 19 ago. 2014.

YANAGUITA, Adriana Inácio. **As políticas educacionais no Brasil nos anos 1990.** 25º Simpósio Brasileiro, 25 e Congresso Ibero-Americano de Política e Administração da Educação, 2. Biblioteca Anpae – Série Cadernos. São Paulo, n 11, 2011.

ZARIFIAN, Phillipe. **O modelo de competência:** trajetória histórica, desafios atuais e propostas. São Paulo: Editora Senac São Paulo, 2003.

SOBRE A AUTORA

Francilene do Rosário de Matos

Mestre em educação pela Universidade Federal do Maranhão. Pedagoga. Especialista em Gestão Educacional e em Gestão e Planejamento de Recursos Humanos. Professora da UFMA. Com experiência em docência do ensino superior, educação profissional e tecnológica, educação à distância e gestão educacional. Desenvolve pesquisa nas áreas de Trabalho e Educação e de Formação e Trabalho Docente na Educação Básica

SOBRE O LIVRO
Tiragem: 1000
Formato: 14 x 21 cm
Mancha: 10 X 17 cm
Tipologia: Times New Roman 11,5/12/16/18
           Arial 8/8,5/9
Papel: Pólen 80 g (miolo)
           Royal Supremo 250 g (capa)